清朝

绝对

很有趣

东篱子◎编著

中国华侨出版社

·北京·

图书在版编目 (CIP) 数据

清朝绝对很有趣 / 东篱子编著 .—北京：中国华侨出版社，
2014.6（2025.1 重印）

ISBN 978–7–5113–4660–5

Ⅰ.①清… Ⅱ.①东… Ⅲ.①中国历史 – 清代 – 通俗读物
Ⅳ.① K249.09

中国版本图书馆 CIP 数据核字（2014）第 110764 号

清朝绝对很有趣

编　　著：	东篱子	
责任编辑：	刘晓燕	
封面设计：	胡椒书衣	
经　　销：	新华书店	
开　　本：	710 mm×1000 mm　1/16 开　　印张：12　字数：136 千字	
印　　刷：	三河市富华印刷包装有限公司	
版　　次：	2014 年 6 月第 1 版	
印　　次：	2025 年 1 月第 2 次印刷	
书　　号：	ISBN 978-7-5113-4660-5	
定　　价：	49.80 元	

中国华侨出版社　北京市朝阳区西坝河东里 77 号楼底商 5 号　邮编：100028
发 行 部：（010）64443051　　　　　　传　　真：（010）64439708

如果发现印装质量问题，影响阅读，请与印刷厂联系调换。

前　言

　　清朝，一个统治中国近三百年的王朝，因其种种特殊性，注定会被世人大书笔墨。近些年来，以清朝历史为背景的电视剧也是大行其道，它给人们留下了太多惊奇与赞叹，留下了太多谈资与趣味。

　　皇帝出家，那是遭遇了什么虐心的事？

　　九王夺嫡到底是怎么一回事？

　　乾隆皇帝到底是谁的儿子？

　　香妃娘娘是否真有其人？

　　那些不甘寂寞的后妃和公主演绎了哪些后宫韵事？

　　那些命运多舛的王爷命运如何？

　　权臣与诤臣各自又是怎样的结局？

　　清朝那些事儿，有辉煌，有凄惨，有温情，有血腥，有文治武功，有丧权辱国，有板上钉钉的铁案，也有难

求答案的迷雾；清朝那些事儿，让我们起敬，让我们心痛，让我们回味；清朝那些事儿，绝对很有趣，翻开清朝的史卷，我们就有讲不完的故事，说不完的话题。

目　录

壹
四位帝王四台大戏

我们这里要说的四位帝王是皇太极、康熙、雍正、乾隆。女真崛起边地，入主中原，建立起一个庞大而繁盛的清王朝，这四位帝王贡献良多，他们个个雄才大略，文武兼备。正因为在他们身上发生了太多的是非功过，近年来以其为主题的所谓清宫戏也就格外地多。四位帝王以自己为主角唱出的这四台大戏，至今令我们回味无穷。

贰
生不逢时的平庸皇帝

这里所说的生不逢时，一是就世界范围内的历史进程而言，二是就前面几位皇帝的丰功伟绩而言。不可否认的是，当时的世界中心早已转到了西方。这几位皇帝处于清王朝走势一路向下，而西方的发展却如日中天并向外急剧扩张的时代。他们很难突破局限，像彼得大帝那样放下架子，以学习的态度与西方接触。其实，这五位皇帝也许少了一点大政治家的器识，但个个不乏才华，也都未曾荒政，他们的无所作为，更多的只是历史的悲剧。

叁

不甘寂寞的后妃和公主们

男人的一半是女人，说完帝王，就不能不提后妃和公主。皇帝的后妃都是有品级的，这说明你不能简单地把她们看作皇帝的大老婆、小老婆，她们是政治生活中不能忽略的一环，皇宫不大，但掀起的风浪却会波及全国。清代的后妃总体来讲还是比较守规矩的，但既然被卷进了是非地，就注定成为是非人，或者无法寂寞，如孝庄皇后；或者不甘寂寞，如慈禧。她们以自己特有的方式，在历史上留下了自己的身影。

肆
被皇室光环套牢了的王爷们

曾国藩费尽九牛二虎之力，把差点儿颠覆了大清王朝的太平天国镇压下去，才不过得了一个一等侯的封爵，离着王爷的级别还远着呢。所以，王爷就好比拱卫在皇帝这个太阳身边的一颗颗星星，地位无比尊贵。但是也正因为离皇帝太近，稍不留神就被那个"太阳"的巨大引力吸进去，落得个尸骨无存。

伍
权相能臣的官场沉浮

明太祖朱元璋因为怕权臣当道威胁皇权，不惜废除了宰相。还是清王朝

的皇帝更聪明，他们把哪怕是最有权的大臣都变成了奴才。奴才的命运完全掌握在主子手里，就像被皇帝牵着的一只风筝，让你浮你便飞升九重天，让你沉你就得入十八层地狱。权相也好，能臣也罢，除了兢兢业业地干好自己的活儿，剩下的只能看他与皇帝的缘分了。

陆
奇异统治下的奇人异事

清王朝曾经创造了一个又一个的政治、军事奇迹，同时，在这个特殊朝代，也发生了许多奇异的事，出现了许多奇异的人，这些人和事在今天看来有的很有趣，有的很可笑，有的很无奈，还有的则成了永远不可能

解开的谜团。其实，任何奇人奇事都有其出现、发生的社会背景和现实基础，揭开奇的表象，探究其背后的秘密，才是更有意义的事情。

四位帝王四台大戏

我们这里要说的四位帝王是皇太极、康熙、雍正、乾隆。女真崛起边地，入主中原，建立起一个庞大而繁盛的清王朝，这四位帝王贡献良多，他们个个雄才大略，文武兼备。正因为在他们身上发生了太多的是非功过，近年来以其为主题的所谓清宫戏也就格外地多。四位帝王以自己为主角唱出的这四台大戏，至今令我们回味无穷。

选举产生的大汗

你很难想象，选举这个极为西方化的词汇会跟大清帝国的皇帝扯上边。努尔哈赤英雄，他的儿子也个个好汉，没有谁可以顺理成章地即位。于是皇太极成了中国历史上罕见的由议政会议推举出来的皇帝。这让我们难免产生遐想，如果这一制度能在以后沿承并加强，中国会是一种什么样的景象呢？

努尔哈赤生前曾明确定下汗位继承人由八旗贝勒推举产生的制度，按照这一遗训，后金上层一时出现了颇为为难的局面，最终还是皇太极继承了汗位。他是怎样获得继承权的呢？对这个问题，史籍记载并不一致，一说皇太极是八旗贝勒推举即汗位的；另一说认为他是"夺位"。那么，究竟是怎么回事呢？

根据《清实录》和一些私人笔记记载，综合考察，当时的过程是这样的：按照努尔哈赤"推举"的遗训，八旗贝勒都有被推举为汗的权利，当时八旗贝勒中条件最优越的有两个人：代善和皇太极。代善年齿居长，是四个地位最高的和硕贝勒中的大贝勒，是正红和镶红两旗旗主，曾屡立战功，有影响力；皇太极也是四和硕贝勒之一，才智出众，英勇超人，努尔哈赤生前曾给以"父兄依赖如眸子"的评价，也很有影响力。两人

中，该推选谁呢？贝勒们都不表态。这时，代善主动提出："父亲想立的是皇太极。"皇太极便说："当立者兄也。"两人推来让去，三天也定不下来。第三天，代善和儿子岳托、萨哈廉商定拥立皇太极，并将贝勒们召集到一起，宣布了这个意见，大家都赞成。于是，九月一日，皇太极举行祭天礼，即位为新汗王。

从上述这样一个过程可以看出来，皇太极确是八旗贝勒们推选的新汗，那为什么又有"夺位"之说呢？那是因为他之所以能被推选为新汗，是他长时间极力争夺继承权的结果。努尔哈赤在 1620 年以前曾确定代善为继承人，作战中常常委以重任，皇太极便处处与他这位兄长争功，唯恐落后。比如在决定后金存亡的萨尔浒大战中，初三这天，代善领 20 个人假扮哨卒作为先锋，先行侦察敌情，皇太极因为祭神晚到了一步，发现代善已经先走，便立即要求领兵赶上去。努尔哈赤叫他不必追赶，他说："大哥既然单独先走了，我们干什么留在后面？"便急忙领兵追赶去了。他唯恐落后一步的心情有多急迫！再比如：1621 年（天命六年），在沈阳城外的战斗中，努尔哈赤出于对皇太极的爱护，不让他当先冲击，而守在城边瞭望，皇太极说："两红旗兵（指代善所领兵）随后就到，让他们瞭望吧！"说着，就一马当先，冲向敌军，努尔哈赤赶紧指挥自己亲率的两黄旗兵随后冲了上去，敌军大败，皇太极领兵乘胜追击 60 里才收兵，又立了一次大功。如此英勇争功，自然给大家都留下了突出的印象，连朝鲜使臣都知道他"英勇超人"，努尔哈赤也特别"偏爱"他。

如果说上面这样一些争功的事还可以用年轻人的争强好胜来解释的话，那还有一件事就完全可以看出皇太极有意打击代善、争夺继承权的

用心了。那是 1621 年，从后金回国的朝鲜使臣郑忠信向朝鲜国王报告时谈到，皇太极心存杀害兄长的阴谋。据他说，努尔哈赤和大将阿敦有一次密谈，努尔哈赤问阿敦："你看我这些儿子当中，谁能接替我？"阿敦说："知子莫若父，这事谁敢乱说什么！"努尔哈赤说："你说说不妨。"阿敦就说："智勇双全，大家都称道的人就行。"努尔哈赤说："我知道你指的是谁了。"郑忠信说，阿敦说的是皇太极。可这个阿敦不知出于什么样的心态，后来偷偷告诉代善说："皇太极和莽古尔泰等兄弟要谋害你，情况很危险，你要防备！"代善就到努尔哈赤面前，哭诉说三个弟弟阴谋害他。努尔哈赤问皇太极兄弟可有此事？皇太极他们自然都说没有，于是，努尔哈赤斥责阿敦挑拨离间，将他关了起来，后来处死了。这件事说明皇太极可能有"夺位"之嫌。

从上面的故事看，在努尔哈赤生前，皇太极对于争夺汗位继承权曾有过精心谋划，在明争暗斗中树立威望，发展势力，为后来被推举继承汗位打下了基础；在努尔哈赤死后，他便顺利被推举为新汗王。所以应该说，他是经过自己的积极争取，最终在八旗贝勒们的共同推举下登上汗王宝座的。

名副其实的大清第一帝

皇太极寿命不祚，在位的时间不长，但是他在清代的皇帝中贡献却是顶呱呱的。不仅在于他建清称帝，更在于他有力地巩固、强大了父亲留下来的基业，为进军中原做了精神上、物质上和军事上的准备。

后金天聪十年（1636年）四月，皇太极正式即皇帝位，受"宽温仁圣皇帝"的尊号，改元崇德，国号"大清"。

清朝的国号有一个历史演化过程。清，最初起源于建州女真。明万历四十四年（1616年），建州左卫首领努尔哈赤于赫图阿拉称汗，号天命汗。在此之前努尔哈赤并无年号，更无国号。万历四十七年（公元1619年）萨尔浒之战，努尔哈赤开始称"后金汗国"，用"后金天命皇帝"的玉玺。在其后给毛文龙的书信中，甚至直接称"大金国皇帝"。

努尔哈赤自诩为金的后裔，尊金为先朝，因为金朝在女真人历史上是最为光辉的一页，使用"金"作为国号，有继承金国的事业，继往开来，团结各部女真人的政治意义。当然，努尔哈赤与金朝女真同属一族，从这个意义上说，努尔哈赤应是完颜金国的真正后裔，反过来说，金代女真是他们的直接先世。

皇太极即位之初，仍采用"金"的年号。那么，十年之后，皇太极为

什么将通行二十余年的"大金国"国号用一个音近的字"清"来代替呢？

首先，皇太极既然要建立一个新朝代、新国家，必须按惯例，改国号，改年号。中国历代皇帝都把改元视为政治生活中的大事，具有更新改制的意义。按通例，改年号是常事，如汉、唐两朝的皇帝，都很注重改年号，列纪元。但改国号在历史上各朝各代却少见，只有在改朝换代之际，才出现新朝的国号，并将国号坚持用到底，不做更改。

改国号不单单使人耳目一新，更主要的是表明新的王朝与其他王朝有别，具有本朝的特色。皇太极既然要建立一个新朝代、新国家，如果继续沿用历史上已经存在的朝代国号是不合适的。

仅仅为了与金朝相区别，而自称"后金"作为正式的朝代国号，还没有这样的先例。只有后代史家才这样称呼，所谓"后汉"、"后周"等都是历史编纂学上的称谓。皇太极改"金"为"清"，虽为一音之转，但"清"字已赋予这个新国家、新朝代以新的意义，标志着这个以满族贵族为主体的女真国（金国），此时已经发展为以满族为主体，包括汉族、蒙古族和东北地区其他民族在内的大清国。

清国比女真国（金国）的包容量要大得多，与中国历史上的汉、唐、宋、元、明朝代没有什么区别。改国号，说明努尔哈赤所开创、由皇太极继承的事业已开始进入了新的历史纪元。

天聪十年（公元1636年）四月十一日，皇太极选择这一天为即皇帝位的吉日。早上，皇太极在诸贝勒、大臣的拥戴下，从德胜门出发，前往天坛祭告天地。天坛设于德胜门外，四面设有台阶。坛上安放一张香案，上铺黄绫缎，中设"上帝神位"。导引官奉香，皇太极至香案前跪下，从导引官手中接过香，连上三次，敬献完毕。由读祝官诵读祝文。

宣读完毕，皇太极和百官依次入座，他率先饮酒、食祭品，然后分给百官。

接下来的仪式，是在太政殿举行"受尊号"礼。殿内正中放一把御金椅。诸贝勒、大臣左右分列两侧。这时，乐声大作，"众行三跪九叩头礼"。礼毕，多尔衮和科尔沁贝勒巴达礼从左侧站出，岳托和察哈尔汗之子额驸额哲从右侧站出，再加上杜度和都元帅孔有德，他们每两人合捧一枚皇帝御用之宝，上前跪献给皇太极，这是代表着满、蒙、汉及其他少数民族把象征皇帝权威的御用之宝交给皇太极，表示承认他至高无上的地位。献御用之宝后，"满洲、蒙古、汉官捧三体表文，立于坛东，以上称尊号建国改元事，宜示于众"。读毕，再一次行叩头礼。皇太极在鼓乐声中走出太政殿回宫。四月十二日，皇太极率百官到太庙追尊祖先。追尊始祖为泽王，高祖为庆王，曾祖为昌王，祖为福王。尊努尔哈赤为"承天广运圣德神功肇纪立极仁孝武皇帝"，庙号太祖，陵园称福陵。第二天，定宫殿名。中宫为清宁宫，东宫为天睢宫，西宫为麟趾宫，次东宫为衍庆宫，次西宫为永福宫。台东楼为翔凤楼，台西楼为飞龙阁。正殿为崇政殿，大殿为笃恭殿。

四月二十三日，皇太极大封兄弟子侄。封大贝勒代善为和硕礼亲王，贝勒济尔哈朗为和硕郑亲王，墨尔根为戴青贝勒，多尔衮为和硕睿亲王，额尔克楚虎尔贝勒多铎为和硕豫亲王，阿济格为多罗武英郡王，杜度为多罗安平贝勒，阿巴泰为多罗饶余贝勒，并各赐银两，蒙古诸贝勒也按亲王、郡王等级分别敕封。

四月二十七日，皇太极又加封孔有德为恭顺王，耿仲明为怀顺王，尚可喜为智顺王。其部下也分别论功升赏。皇太极改国号清，开辟了清朝历史的新纪元。严格地说，清朝的历史应从这里开始，他是名副其实的大清第一个皇帝。

用胸怀包容天下

一个政权、一个新政权、一个异族的新政权要想立足，没有众多优秀人才的归服和尽力是不可能做到的。皇太极做到了，他的策略就是用博大的胸怀收服天下人心，人心既得，天下自得。

可以说，没有明朝降将的帮助，清王朝不可能这么快一统中原，而对这些降将的收服过程，正显示了皇太极作为卓越政治家的博大胸怀和重视人才的眼光。

洪承畴是明朝崇祯皇帝任命的蓟辽总督，当皇太极加紧攻打松锦城时，他率兵 13 万抗击清军，是抗清前线八路总兵的主帅。1614 年，他在松山被围困半年，战败被俘，押送到盛京。当时，皇太极野心勃勃，想吞并中原，正在寻找一位明朝重臣作为入关的"领路人"，因此，不惜一切代价劝其降清。无论是金钱，还是美女，洪承畴都不为所动，大义凛然，视死如归。他面壁而坐，不饮不食，一副等死的模样。皇太极束手无策。

消息传到京城，明朝举国上下为之感动。崇祯皇帝以为洪承畴已经为国捐躯，十分悲痛，停朝三日，下令在都城外建立专祠以示纪念，并亲自写了祭文来祭奠洪承畴。谁知洪承畴并未慷慨就义，不但归顺了大清，还成为清军入关的"开路先锋"，是当时降清的官阶最高的官员。

　　洪承畴是如何降清的呢？历来说法不一，大致有两种。一是皇太极亲自劝降，一是皇太极的妃子庄妃劝降，这两种说法都只是民间流传，但其中也有可信之处。

　　持第一种观点的人认为：皇太极一心想要劝降洪承畴，为将来进攻中原和江南所用，于是便派汉人心腹谋士范文程前去劝降。洪承畴表示坚决不投降，宁可为国尽忠，绝食而死。有一天，范文程照例又来劝降，谈话间，房梁上有灰尘落下，掉到洪承畴的衣服上，洪承畴立即小心翼翼地将灰尘掸掉。范文程回来后向皇太极报告说洪承畴绝不愿意死，因为一件衣服他都如此爱惜，何况自己的性命呢？皇太极看到有招降的可能，便亲自前去看望，诚恳地希望洪承畴能为大清效力，并脱下自己的貂裘给洪承畴披上，关切地询问他是否感到寒冷。洪承畴深受感动，于是感激涕零，当即表示愿意归降。可以说，是皇太极的真诚感动了洪承畴，使他改变初衷，投降大清。

　　持第二种观点的人认为：洪承畴生来十分好色，在洪承畴被关押期间，皇太极让自己的宠妃庄妃出面劝降，最终获得胜利。庄妃天生丽质，聪明多谋。据说，在洪承畴绝食的第四天，朦胧恍惚间，忽然有一位汉族打扮的俏丽女子推门而入，哭泣着陪坐在洪承畴的身边。顿时，洪承畴丧失了戒心，将其视为同病相怜之人，彼此攀谈起来。洪承畴被这位美艳绝伦、高贵而又有风韵的女子吸引住了，他想到了自己的妻子、儿子和亲人，于是百感交集，泪如泉涌。这时，庄妃抓住机会劝解道："死容易，活下去才困难。将军是明朝的栋梁，栋摧梁折，国家怎么办？当前明清两国势均力敌，只要打仗就会两败俱伤，倒霉的还是百姓。如果能够保住性命，以将军的威望，从中斡旋，达成协议，和睦相处，岂不

是朝廷和百姓之福吗？"洪承畴沉思不语，庄妃紧接着说："将军如果不念及家人和小女子，也应该念及社稷和天下百姓呀！"

"但是……"洪承畴已经有些心动，却欲言又止。

庄妃看出了洪承畴的疑虑，便娓娓道来："清主仁慈，决不会难为将军的。将军如果真的归顺大清，一定会得到重用，您的抱负一样可以实现。况且，明朝已经腐败不堪，黎民百姓受尽苦难。您只要归顺大清，就可以解民于倒悬。将军不用饭，可以先用些小女子带来的汤水吧。"

在她的百般劝诱下，洪承畴喝了她的汤水。谁知这不是普通的汤水，而是参汤，这一碗就可以支撑好几天，这样洪承畴便不会因绝食而亡。再经庄妃动之以情，晓之以理，国事、家事的一番开导，终于劝诱洪承畴答应降清。这时，门打开了，"恰巧"来访的皇太极满脸笑容，因为他十分满意这个结局。

这两种说法均在民间流传，至于是否真有此事，已无从考证。人们认为，洪承畴再好色，也不会因为"惊艳"而丧失节操。同时皇太极也不会同意自己的妃子出马去向敌人劝降。但也有史书记载，由于庄妃劝降洪承畴有大功，受到了皇太极钦奖，看来这位妃子的确与众不同，她敢作敢当，勇于向世俗挑战。

此后，洪承畴跟从多尔衮入关，攻城略地，平定江南，扫荡云贵，打败李定国，除去明桂王，为清王朝尽心尽力，驰骋疆场二十余年，真正成为清朝入主中原的开路先锋。

皇太极知道，要成为君临天下的皇帝，只征服土地是没有用的，还必须收服人心。这一点，在他收服明朝边将祖大寿的事情上也可以看出来。

后金天聪五年（公元 1631 年）七月，皇太极亲率数万大军伐明，发动了对大凌河城的围城战。

大凌河城位于锦东 30 多里，几经战争破坏。在后金占领辽河以东的广大地区以后，它便成为与后金对峙的锦州前哨阵地。为了加强和巩固明在辽西的军事防御，明朝派遣总兵祖大寿、副将何可刚等十余员将领率部重建城防，并驻兵坚守。共集兵 1.6 万余人，城内还有夫役商贾约 1 万多人，全城军民共有 3 万余人。

皇太极总结前两次攻坚战受挫的教训，这次改为围而不攻，迫使城内粮尽援绝而投降。他指示要采取"攻城恐士卒伤亡，不如掘壕筑墙围困，对方如出城，我就同他战斗；如外来援兵，我就迎头痛击"的作战方略。

按照皇太极的部署，八旗兵围绕大凌河城四周，进行了两层包围，共立营盘 45 座，绵延 50 里。他们各在自己防区掘大小四道壕堑，在壕堑 5 丈远的地方筑墙，高丈余，墙上加垛口，连接起来，如一道城墙。皇太极严令各部坚守各自的防地，不许放一人出城。

开始，祖大寿还不时地出动人马突围，都被后金兵给打了回去。他不敢再出击，紧闭城门坚守，只寄希望朝廷援兵解救他们。面对这样严峻的形势，明朝廷几次派援军前来解救。皇太极早有准备，把明援军打得丢盔卸甲，溃不成军。明朝再也不派援军了。

援兵已绝，祖大寿又面临着粮荒的严重危机。围困已有两个月，城里的粮食眼看吃光，士兵宰杀战马充饥。老百姓更惨，他们早就断了粮，成百成千的人饿死了。有些人实在撑不住了，就冒险偷偷逃出城投降，告诉皇太极说，城内粮食已吃光了，先杀工役而食，现在又杀兵士当粮吃，只有大官还剩一二升米而已。

从围城开始，皇太极就不断发动政治攻势，屡次写信给祖大寿，劝他投降。祖大寿表示："我宁死于此城，也决不投降！"但当粮食吃光，毫无生路时，他也动摇了。拖到十月，他再也撑不住了，就派他的儿子祖可法出城面议投降，并留在后金营中当人质。皇太极当即接受祖大寿投降。随后，祖大寿又派4名副将、2名游击将官到后金营，代表他和城内39名将领与皇太极举行盟誓。

十月二十八日晚，祖大寿亲自出城，来到皇太极御营见面。皇太极特别高兴，派诸贝勒出迎1里，当祖大寿快到时，他步出御营外迎接。祖大寿一见面就要下跪，皇太极连忙制止，同时他行最隆重的抱见礼表示格外优待。皇太极谦逊，让祖大寿先入幄，祖大寿不敢，双方谦让后，皇太极和祖大寿并肩入幄中，表示尊敬之意。幄内已摆了丰盛的宴席，皇太极亲自捧起金卮酌酒给祖大寿；同时，把他穿用的黑狐帽、貂裘、金玲珑、缎靴、雕鞍、白马等一大堆珍贵的御用之物赏给了祖大寿。这使祖大寿深为感动，他深情地说："皇上这样优待，我还有什么话可说呢！我虽然愚昧到了极点，还不是木石之人！"

大凌河城已举城投降，皇太极与祖大寿密商取锦州的计策。祖大寿献出一计：他的妻子还在锦州，锦州只能智取。他向驻守锦州的巡抚邱禾嘉诈称昨夜溃围而出，逃到山里躲避，今夜徒步赴锦州，瞒过城里军民，一定会接纳他们进城。待进城后，再设计除掉邱禾嘉，把锦州献给后金。

祖大寿刚投降就要回锦州，表面上是智取，实际是怎样想的？他回去后能否回来？是不是他的脱身之计？皇太极做了反复估量，但时间紧迫，不允许他迟延，于是他当机立断，同意了祖大寿的计策。诸贝勒担

心祖大寿有诈，提醒皇太极提防。皇太极说："朕以诚待他，他必不负朕。即使他负朕，朕在所不惜，要的就是心悦诚服。"

祖大寿顺利进了锦州城后，皇太极焦急地等待他智取锦州的消息。三天过去了，祖大寿才派人秘密传来信息，说带回去的兵太少，不能立即献城，须待机而动。皇太极捎话提示他："不要忘了以前的约定。"祖大寿又派人来说："我绝对不做失信之人。"皇太极估计道，祖大寿在短期内不会有结果。于是，他不再等待，于九日率大军撤离大凌河城，返回沈阳。

祖大寿脱身赴锦州时，他的子侄和部将30多人留在后金，实际是做了人质。如果说祖大寿定计取锦州还有诚意的话，那么，他到了锦州后便一去不复返了。至于他留在后金的子侄兄弟的生命安危，他也在所不顾了。以后，皇太极多次写信给他，他一封信也不回复，不予理睬。但皇太极并没有因为祖大寿反复无常而恼怒，对他的子侄照常优待。皇太极不断写信，祖大寿就是不答复，相反，还屡次同后金交战，袭击并斩后金兵将。太宗仍然耐心等待，直到十年后，皇太极发起锦州战役，祖大寿又一次被俘获。

这次，皇太极并没有杀他，反而对祖大寿礼待有加。祖大寿终于被皇太极的诚意感动，真心投降了清朝。

另外，在对孔有德等人的使用上，也凸显出皇太极不同常人的魄力。

孔有德，辽东人。努尔哈赤攻克辽东，孔有德与耿仲明投奔皮岛（辽宁南大海中）明总兵毛文龙麾下。由于毛文龙屡为清所败又骄纵不受节制，为袁崇焕所杀。孔、耿二人走投登州巡抚孙元化，担任参将。后金天聪五年（公元1631年），皇太极率兵围大凌河城，孙元化派遣孔有德率骑兵800赴援。孔有德到吴桥，下大雪，没有吃的，士兵便掠夺百姓财物。在部将李九成儿子李应元的唆使下，孔有德叛变，耿仲明为内应，攻下登州。孙元化自杀未遂，孔有德让他乘船离开，自号大元帅，耿仲明自称总兵官。明遣朱大典围攻，天聪七年三月，孔有德、耿仲明航海投降皇太极。孔有德一投降，皇太极就按原来他的自封号封他为都元帅，隶汉军正红旗。崇德元年封恭顺王。入关后随多尔衮进攻李自成起义军，又下江南镇压南明政权。顺治三年封定南王。九年为李定国围于桂林，自杀。耿仲明投降后，皇太极就按原来他的自封号封他为总兵官。崇德元年，封怀顺王。入关后，跟随孔有德进攻李自成，下江南镇压南明政权。顺治六年改封靖南王，领兵入广东。以匿逃人罪自杀于吉安。

尚可喜，辽东人。崇祯时，为明东江总兵官（驻皮岛）黄龙部下。孔有德登州叛变后，黄龙提升他为广鹿岛副将。天聪七年，孔有德、耿仲明引后金兵攻旅顺，黄龙兵败自杀。明以沈世奎代黄龙为总兵，部校王廷瑞、袁安邦构陷尚可喜，可喜还据广鹿岛。天聪八年投降皇太极。皇太极封他为总兵官，崇德元年封智顺王，隶汉军镶蓝旗。顺治元年随阿济格西追李自成，三年又随孔有德南下。六年改封平南王，驻广东。康熙十二年，乞归海城。三藩起事，他仍然忠于朝廷，封平南亲王。十五年因子尚之信叛，忧郁而死。

英雄未必不多情

英雄、美女，构成了许多爱情故事的主线。皇太极是个铁汉——亲冒矢雨、攻城略地；他又充满柔情——对心爱的女子温柔似水，甚至不惜把军国大事暂搁一旁。很奇怪如今电视剧的编剧们吃力费心地杜撰一些破绽百出的清宫戏，却对这样一个绝佳的真实故事无动于衷。

清太宗皇太极后宫中有五位后妃，包括孝端文皇后和后来的孝庄文皇后等个个都是艳丽超群的美貌佳人，然而其中最受宠爱的莫过于关雎宫宸妃海兰珠了。

宸妃是蒙古科尔沁贝勒寨桑之女，姓博尔济吉特氏，名海兰珠。她是孝端文皇后的侄女，庄妃（孝庄文皇后）的亲姐姐。海兰珠生于明万历三十七年（生于 1609 年），比庄妃大 4 岁。

按理说，皇太极已经在博尔济吉特氏家族中纳了姑侄二人，不应再娶海兰珠，那为何还要迎海兰珠进门呢？原因很简单，在海兰珠入宫前，孝端文皇后和庄妃都没有生过男孩而科尔沁部的贝勒却希望本部妃子所生的男孩继承皇位，以保证本部的地位。于是有了再选佳人入宫的打算。皇太极早就听说海兰珠美貌，十分仰慕。后金天聪七年（公元 1633 年），孝端文皇后哲哲的母亲科尔沁大妃偕同次妃（海兰珠、庄妃的母亲）来

沈阳朝见皇太极，皇太极招待极为热情，双方盛宴之际，定下了皇太极与海兰珠的婚事。

后金天聪八年（公元1634年）五月，皇太极亲率大军西征明朝的大同、宣化府一带，并收降察哈尔林丹汗的部众。九月十九日，刚刚胜利返回返回盛京，国舅吴克善便于十月十六将大妹妹海兰珠送来盛京与皇太极成亲。皇太极偕皇后诸妃出城相迎，设大宴，以礼接纳。前来送亲的还有海兰珠的母亲科尔沁次妃，以及其四哥额驸满朱习礼。皇太极分别向次妃和吴克善、满朱习礼赠送雕鞍马、貂裘、豹裘、貂镶朝衣、缎布、银器等物。十月廿五，皇太极为了征宣化府大同军凯旋和察哈尔诸臣举国来附，暨科尔沁卓礼克图台吉吴克善送来海兰珠这两件大喜事行庆贺礼，召大贝勒代善及诸贝勒大臣进宫，备陈乐舞，设大宴，气氛极为热烈。将海兰珠的到来与出征凯旋并列庆贺，可见皇太极对新妃的特殊重视。

海兰珠的美使皇太极为之倾倒。海兰珠入宫以后，备受皇太极宠爱，两人情投意合，几乎形影不离。皇太极有意无意地冷落了其他后妃。皇太极将满腔的爱都倾注在海兰珠身上，在崇德元年（公元1636年）册封后妃时，海兰珠被封为关雎宫宸妃，地位仅次于皇后哲哲。

姐姐被纳为妃，并且立即得宠，在普通家庭，像庄妃这样的地位，很难与之和睦相处，必然争风吃醋，闹得鸡犬不宁。但是庄妃是个很有心计并深明大义的女子，为了博尔济吉特家族的利益，她并没有像一般女子那样与姐姐争宠，相反与姑姑皇后哲哲和姐姐宸妃的关系一直很好。

海兰珠果然没有辜负博尔济吉特家族的希望，入宫的第二年，也就是崇德二年，宸妃海兰珠就为皇太极生了一个儿子，皇太极顿时欣喜若

狂，很快就决定立这个婴儿为皇位继承人，大宴群臣，并破天荒地颁布了大清朝第一道大赦令，大赦天下。无奈此子福薄命短，来到人世间刚半年，尚未来得及命名就夭亡了。爱子的死给皇太极和宸妃以沉重的精神打击。宸妃所遭到的打击尤重，整日郁郁寡欢，终于忧闷成病。崇德六年（公元 1641 年）九月，皇太极正在松山战场上指挥作战，忽然传来宸妃病危的消息，皇太极大吃一惊，将军务托付给领兵的多尔衮，自己立即兼程赶回盛京，途中，他还特意派大学士希福、刚林等人骑行在前，向宸妃传达自己的问候。但当他进入关雎宫时，宸妃已驾返瑶池了，终年 33 岁，正是风华之年。皇太极悲恸欲绝，寝食俱废，乃至昏死过去，经紧急抢救，才渐渐苏醒过来。为表示对爱妃的悼念，皇太极为宸妃举行了隆重的丧礼，赐谥号为敏惠恭和元妃，这是清代妃子谥号中字数最多的。皇太极还为海兰珠安排了各种各样的祭奠活动，他多次率领王公大臣们到她的殡所祭奠，并且宣布在为宸妃发丧期间免去朝贺仪式，停止国内筵宴乐舞。胆敢违令的地位再高也要受到处罚。郡王阿达礼、辅国公扎哈纳都因为在此期间寻欢作乐而被削去了爵位。宸妃死后不到两年，皇太极也命归九泉了。皇太极对宸妃这种真情笃意，在历朝皇帝中都是少见的。

宸妃死后火化，初暂安于盛京地载门外 5 里的墓地。皇太极葬入昭陵之后，宸妃也被迁葬到昭陵妃园寝内。

小孩子也能成为政治家

1661 年，康熙帝即位后，由于年仅 7 岁，自然不能够亲自处理国家大政。本来，按照大清国的传统旧制，皇帝年幼，国家政务应由一两位宗室亲王摄理，但由于顺治帝时多尔衮擅权构成了对皇权的极大威胁，为了避免此类现象的再度发生，孝庄文皇太后乃决定不用旧制，而是改由更多的异姓大臣来共同辅政，确立了四辅臣制。这样，在同多尔衮斗争中有功的元老重臣索尼、苏克萨哈、遏必隆、鳌拜四人便出来共同辅政。四大臣本着协商一致的原则共同辅佐幼帝，最初几年尚相安无事，然而随着四辅臣内部势力的增长变化，本来排在四辅臣末尾的鳌拜的势力日益增长扩大，致使四辅臣之间的权力制衡被打破。鳌拜是个权力欲最为强烈的人，逐渐地由恃功自傲走向了欺君弄权。

康熙六年（公元 1667 年）六月，索尼去世。康熙帝鉴于四大臣辅政体制已经名存实亡，反而成为鳌拜专权的工具，便上奏祖母，请求亲政。祖母理解孙儿现在的处境，自然应允。康熙帝乃于七月七日，举行亲政大典。然而，康熙帝名义上虽然亲政，但鳌拜却仍然继续掌握着批理章疏的大权，并迫害死了苏克萨哈，使遏必隆亦依附于自己，他甚至对康熙帝有不轨的企图。有一次，鳌拜故意装病不朝，康熙帝亲自到他

家里问候，在他的寝室里发现炕席上放了一把短刀。按照规定，臣属面见皇帝，身边不许携带任何兵器，否则即以图谋不轨论处，鳌拜根本就没把康熙帝放在眼里，毫无顾忌地把兵器放在身边。康熙帝装作并不介意，一边笑着，一边从容地说道："刀不离身，只是满洲的故俗罢了，不必大惊小怪。"慰劳了几句，便回宫去了。

鳌拜的所作所为，引起了康熙帝极大的忧虑。康熙帝有皇帝之名，而无皇帝之实；鳌拜身为辅臣，辄行皇帝之权威。对于康熙帝来说，鳌拜已到了不能不除的时候了。但鳌拜根深叶茂，亲信党羽遍布朝廷，控制了许多重要部门和中枢要害，如强行拘捕，可能反会招致不测，所以只能智取，不能力敌。

主意拿定后，康熙帝便开始了一系列的准备工作。首先是稳住鳌拜。表面上康熙帝饮酒作乐，不理朝政，特别是在有鳌拜及其死党聚集或参与的场合，便叹以人生几何、江山粪土，表示自己无心恋政。其次是培养一支自己信得过的侍卫队。满洲人有一种唤作"布库"（布库系满语，意为摔跤手）的摔跤游戏，康熙帝以玩耍为名，从皇帝直属的满洲上三旗贵族子弟当中，挑选了几十名身强力壮的少年，组成了善扑营，练习"布库"之术。善扑营既是准备用于擒拿鳌拜的格斗队，又是保卫康熙帝的侍卫队。鳌拜果真以为这都是小孩子们在闹着玩儿，就没往心里去。康熙帝通过和这些少年们一起嬉戏，摔跤踢打，不但武功有了长进，而且也和这些少年之间建立起了一种深厚的感情。经过一段时间的练习，这些脸上还带着稚气的少年们均成为擒拿格斗的好手。康熙帝又以寻找棋友为名，将自己信得过的很有组织能力并擅长于角扑之术的索额图（索尼之子，康熙帝皇后的叔叔）由吏部右侍郎调任为一等侍卫，

放在自己身边，实际上是掌管善扑营，为执行擒拿鳌拜的任务做准备。

康熙八年（公元 1669 年）五月，康熙帝亲自擒拿鳌拜的一切准备工作已经就绪。为了确保万无一失，在正式行动之前，康熙帝即将鳌拜的党羽以各种名义先后派出，削弱他在京城的势力。全部部署完毕后，十六日的早晨，康熙帝集合了担任此次擒拿任务的善扑营全体队员，亲自做了战前动员。他用激昂的语调问这些少年伙伴们："你们都是我的左膀右臂、我的好朋友，你们是敬服我呢，还是敬服鳌拜？"这些少年伙伴们齐声回答："只敬服皇上一人！"见此，康熙帝大声宣布："好！我今天就交给大家一个任务：捉鳌拜！"接着，康熙帝向小伙伴们宣布了鳌拜的罪行，又向小伙伴们做了具体的布置，将他们隐藏在进宫大门的两厢。安排好了以后，康熙帝派人去请鳌拜进宫。鳌拜不知是计，一点戒心也没有，大摇大摆地来了。看到鳌拜仍然如此横行，康熙帝不禁怒火上冲，大声地喝道："来人！把这个逆臣给我拿下！"顿时冲出一群少年，把鳌拜团团围住，有的扭胳膊，有的拧大腿，有的搂脖子，有的抱后腰。鳌拜初时还以为这是在跟他开玩笑，待发觉情形不对之后，自恃勇猛，奋勇顽抗。无奈这些少年们都是经过专门训练的，人又多，自己已经年老力衰，挣扎了一会儿，就难以支持了，被这些少年们七手八脚地用绳子捆了个结结实实。康熙帝见鳌拜已经被拿住，便下令将他投入大牢，并马上升朝，宣布已经逮捕鳌拜，命令大臣们调查他的罪行，紧接着将鳌拜的党羽们也一个个地捕捉起来。

鉴于鳌拜所犯的罪行，康熙帝原拟将他革职处斩。在康熙帝亲自提审鳌拜时，鳌拜为求一活路，当着康熙帝的面脱下衣服，只见身上伤痕累累，那是他以往在搭救清太宗皇太极时留下来的。康熙帝见此亦感恻

然，又考虑到鳌拜自清太宗以来一直为国家建树功勋，便赦免了他的死刑，改为终身软禁。康熙帝收回了辅政大臣批阅章疏之权，此后各处奏折所批朱笔谕旨，皆出自于他本人之手，而从无代书之人。这翻天覆地之举，竟出自一个 15 岁的少年之手，表明康熙帝在政治上早熟，初步地显示了他的才华。

康熙帝平生最大的一次冒险

就像做生意一样，一个天大的机会落在你面前，干不干？不干，会错失良机，难有大的起色，干，弄不好会赔个底朝天，但也有可能实现跨越式发展的机会，这就是冒险，你得有接受这两种结果的思想准备。在这种情况下，大多数人可能会选择保守的做法。康熙偏不，在大臣的一片反对声中，少年皇帝冒了平生最大一次险，结果，他赢了。

所谓"三藩"，是指顺治年间清廷派驻云南、广东和福建三地的平西王吴三桂、平南王尚可喜、靖南王耿继茂（后由其子耿精忠袭爵）。三藩之中，吴三桂势力最大，他十分骄横，不但掌握地方兵权，还控制财政，自派官吏，不把清朝廷放在眼里，直接威胁到清朝的统治。为此，康熙不得不考虑撤藩的问题。

在正式撤藩之前，康熙已开始逐步削减"三藩"权势，限制其不法行为。而三藩对此也有察觉，吴三桂和耿精忠（耿继茂之子，已经袭爵位）于康熙十二年（1673年）七月假意奏请上交藩王印信，以试探朝廷的意向。康熙立刻召集会议研究撤藩。大臣们有两种意见：一种主张不撤藩，另一种认为应该撤藩，反对撤藩的意见占了上风。康熙却认为，三藩手握重兵，财政自成体系，特别是吴三桂拥兵自重，若不早除，必酿成无穷后患。所

以综合各方面因素考虑，康熙决定撤藩，并将三藩全部撤往山海关外。

吴三桂接到撤藩谕令，大大出乎他的预料。他自负劳苦功高，而且又有军队，上这个折子本来就是试探康熙的口气，心里认为康熙必然不会同意。不料康熙这个年轻的皇帝却决意撤藩，连一点回旋的余地都没有。他几十年苦心经营的一切将付诸流水，无论如何也不甘心，于是决意造反。

康熙十二年，吴三桂命令麾下官兵蓄发易服，发动叛乱。吴三桂举兵叛乱后，闽、粤两藩也蠢蠢欲动，各地的吴氏党羽纷纷响应，各地告急文书频频传至北京。康熙分析局势后认为：吴三桂是三藩的首领，消灭了吴三桂，其余乱党不攻自破。因此他采取了分化诱降、各个击破的方针。他先召回闽粤撤藩使，对耿、尚两藩暂行安抚，拆散他们与吴三桂的联盟，而对吴三桂采取重点打击的战略。康熙先派都统巴尔布等率3000精骑由荆州驰驻常德；都统珠满率兵3000由武昌进驻岳州，扼住湖广的咽喉要道；西安将军瓦尔喀率骑兵赴四川，形成了对吴三桂的包围；都督尼雅翰、赫叶、席布根特等率兵分往西安、汉中、安庆、兖州、郧阳、汝宁、南昌等要地，以保关中和中原后方的安全；诸路兵马均听宁南靖寇大将军勒尔锦节制。第二年又特派刑部尚书莫洛进驻西安，会同将军、总督便宜行事，巡抚、提督以下地方文武悉听节制。

战争初期，吴军气势汹汹，一些清军将领贪生怕死，长沙、岳州、衡州等要地先后失陷，吴军直抵湖北、四川，迫使瓦尔喀退守广元，勒尔锦和珠满困守荆州、武昌，都无力反击。吴三桂一面猛攻川楚，一面通过西藏的达赖喇嘛致书康熙，要求划江而治，被康熙断然拒绝。吴三桂和议不成，兵分两路：一路由他亲自挂帅，从长沙进江西，连续攻克30多座城池；另一路由悍将王屏藩督率，由四川进陕西，接应吴三桂

养子王辅臣的叛军，攻克平凉、兰州、延安、绥德等地，一时间京师人心震动，吴三桂气焰嚣张，扬言进攻北京。

王辅臣本来是忠于康熙的，他的叛变使得形势骤然紧张起来。为了应对恶化的局面，康熙传谕总督哈占，要他保护好王辅臣的妻儿家产，又派王辅臣儿子王继贞携诏前往劝说，表示"往事一概不究"，只要及时回头，便可官复原职。六月，王辅臣兵败投降；王屏藩部也节节败退，逃回四川，陕甘全境告平。

西线战场传来捷报的同时，清军与吴军在湘、鄂、赣一带进行长期的拉锯战。康熙十七年（1678年），清军平定闽粤，耿精忠、尚之信先后投降，湘鄂一带吴军已成孤军。吴三桂怕部下解体，赶忙在衡阳草草修建了庐舍当宫殿。三月二十八日，吴三桂即位称帝，国号为"大周"。此举使他的政治处境更加不利，前线清军攻势日益猛烈。是年八月，吴三桂急病交加，死在衡州。

吴三桂死后，"皇太孙"吴世璠即位，这时的吴军已兵无斗志，一路溃退云贵。为了加快平叛进程，康熙下令：胁从叛乱，缴械投降者，宽大处理；反正立功者，将功折罪，论功行赏。这项决定从政治上瓦解了叛军士气，除少数顽固分子坚持与清军决战以外，大多数叛军接战即降。短短1年多的时间，湖北、湖南、四川等地很快落入清军之手。康熙二十年（公元1681年）吴氏叛军彻底被平灭。

康熙从开始削藩直到吴三桂败亡，历时8年。在这场平叛战争中，康熙显示出超凡的政治远见和军事指挥才华。他坚持擒贼先擒王的战略，始终把矛头指向吴三桂，对耿、尚二藩实行剿抚兼施的政策，分化瓦解三藩联盟，各个击破。这次关系大清江山安危的斗争，康熙赢得了战争的胜利。

一个无比英明的决策

在可弃可取之间，康熙选择了取。如果说康熙是一位英明的皇帝的话，恢复台湾并将之纳入大清版图就是他无数个英明决策中至为耀眼的一个。台湾对于中国的重要性在今天不言而喻，但在康熙之后的长时间里并没有被充分认识到，这更显示出一个顶尖政治家能见人所未见的政治素质。

顺治十八年（公元 1661 年）二月至十二月，南明延平郡王郑成功命世子郑经留守金门、厦门等地，他亲自率师东征，驱逐荷兰殖民主义者，收复台湾。但郑氏政权坚持抗清立场，占据东南沿海。郑成功病死于台湾后，世子郑经继承王位，依然与清廷对抗。

康熙皇帝亲政以后，一心想收复台湾，但是因为"三藩"作乱，他忙于平定叛乱，所以对台湾郑氏主要采用招抚政策，但是郑经始终没有接受招抚。"三藩"之乱平定以后，康熙皇帝开始全心收台。在收复台湾的过程中，有两个人所起的作用最大，一个是姚启圣，一个是施琅。

姚启圣，字熙之，一字忧庵，原为浙江会稽人，后附族人籍，隶属汉军镶红旗。康熙二年考中了举人，当了广东香山知县，不久因故被革职。"三藩"叛乱后，他投进康亲王杰书军中，屡献奇谋，康亲王很器重他，官职也从代理知县升到了布政使。

康熙十七年（公元 1678 年）春，郑经为给清朝施加压力，以争取和谈中的有利地位，遣骁将刘国轩连败清兵，进围海澄。清廷驻守官吏对全局缺乏统一规划，遇事惊慌失措。康熙见他们"庸懦无才，职业不修"，便于五月初十将他们解职，通过康亲王荐举，破格提升姚启圣为福建总督。

姚启圣于六月初接任，认真贯彻康熙招抚郑经下属官兵民众谕旨，为争取投诚，特别注意对其家属及其亲族落实政策，并任用海上投诚人员。这一保护郑氏、团结海上投诚人员的政策，立即产生巨大效果。

姚启圣为了准备攻打台湾的武力，还整顿充实绿旗兵。过去"镇将各官，多以食粮兵刁民充伴当、书记、军牢等役，至临阵十不得七"。因此，他首先从直属总督之督标做起，革除了无用的兵员，新招募了一批生力军。康熙帝得知，予以表彰，认为此法很好，下令推广其他各省。

由于姚启圣采取有力措施，并与巡抚、提督、满洲将领、外省援军齐心合力，至康熙十七年九月，福建军事形势大为好转。九月二十日，姚启圣与将军赖塔等于漳州附近大败郑军主力，相继收复长泰、同安。此后又连败郑军于江东桥、潮沟等地，刘国轩逃回海澄。姚启圣见海澄深沟高垒，难以突然攻下，便全力开展招抚工作。他派遣漳州进士张雄赍书去厦门招抚。郑经以"海澄为厦门门户，不肯让还"。姚启圣于十月又遣泉州绅士黄志美赍书再次往厦门劝谕。郑经仍执前辞，拒不受抚。

康熙二十年（公元 1681 年）四月，姚启圣先后接到台湾傅为霖、廖康方密禀，郑经已于本年正月二十八日病故；其长子监国郑克也于三十日被绞死；年仅 12 岁的次子郑克塽即延平王位，现在台湾岛内人心浮动，可以乘机武力收复。姚启圣根据密报上书康熙皇帝要求发兵收复台湾。可是，姚启圣的建议却遭到了很多人的反对。反对者中，竟包括闽海前线最高军事长官都统宁海将军喇哈达。而内阁学士李光地却坚决支持武力收复台湾。李光地是福建安溪人，他曾以在籍官蜡丸密封向康熙上平闽之策，因此深得康熙信任。他当上内阁学士后，积极推荐施琅。

施琅，福建晋江人，初为明总兵郑芝龙（郑成功的父亲）部下骁将，顺治二年十一月，随郑芝龙降清。因坚决不从郑成功抗清，他的父亲、兄弟和儿子都被郑成功所杀。康熙元年，被提拔为福建水师提督。他自幼生长海上，深悉水性及郑氏情形，一贯主张以武力围剿郑氏，攻取台湾。曾经于康熙初年上书，要求武力收复台湾，但是鉴于当时的条件还不成熟，他的建议被否决，并且裁撤福建水师提督，战船也被尽数烧毁，海上投诚官兵到外省垦荒，授施琅为内大臣，编入汉军镶黄旗，留于京师。

姚启圣上任之初也曾一再上疏保举施琅担任福建水师提督。但是因为他的长子施齐（化名工世泽）、族侄施亥都还在郑经手下当官，朝廷不太放心，所以迟迟未予任用。后经姚启圣核实施齐、施亥因"擒郑逆献厦门以报本朝"，于康熙十九年二月被杀，两家73口同时遇难。施琅这才重新得到朝廷的信任。康熙二十年七月，李光地再次推荐施琅，康熙皇帝也深感原来的福建水师提督万正色难当重任，便采纳李光地的建议，以施琅替换万正色。

康熙皇帝启用施琅之后，放手使用，大力支持。施琅为了能在征剿过程中加强与皇帝的联系，题请吴启爵"随征台湾"，兵部不准。康熙特批："爵在京不过一侍卫，有何用处？若发往福建，依施琅所请行。"施琅任内大臣十余年，深知吴启爵受皇帝信任，请他随征，无异于钦差大臣。后来吴启爵在关键时刻往来于福建与北京，呈报前线情况，传达皇帝指示，对祖国统一起了重要作用。

施琅吸取前三四年间进军台湾失利的教训，为防止总督和水师提督之间彼此掣肘，极为重视专征大权。康熙二十一年（公元 1682 年）二月初一，施琅上《密陈专征疏》，再次要求康熙为自己颁发专征台湾之敕谕，康熙皇帝考虑到自己远在北京，对前敌的形势不熟悉，于是放权给施琅，让他总管攻台的军事作战，总督姚启圣负责管理政务，李光地负责管理钱粮后勤。这样，三个人分工明确，便于随机应变，处理各种事务。

经过几次大战，台湾军队放弃抵抗，郑克塽宣布投降。康熙二十二年（公元 1683 年）八月十一日施琅率官兵前往台湾受降。郑克塽闻讯，坐小船出鹿耳门迎接，并亲率刘国轩、冯锡范等重要文武官员，齐集海边，列队恭迎王师，然后会见于天妃宫。

施琅领兵登陆以后，禁止军兵骚扰百姓，维护社会秩序。十八日，郑克塽等剃发，施琅当众宣读皇帝赦诏。郑克塽等遥向北京叩头谢恩。从此，台湾回归祖国怀抱，与大陆重新统一。

施琅入台之后，不负康熙的期望，未对郑氏进行报复，却前往郑成功的庙宇行告祭之礼。他知道郑成功在台湾官兵心目中的地位。在台湾政权变换、人心浮动的时刻，这一举动，对于安定郑氏官兵的情绪、稳定社会秩序无疑产生了重要的社会效果。

捷报传到北京后，康熙精神异常振奋。将收到捷报那天所穿的衣物

赐给施琅，并赐五律一首，写道：

> 岛屿全军入，沧溟一战收。
>
> 降帆来蜃市，露布彻龙楼。
>
> 上将能宣力，奇功本伐谋。
>
> 伏波名共美，南纪尽安流。

伏波指东汉名将马援，曾封伏波将军。康熙称赞施琅智勇双全，建立奇功，可与马援齐名，流芳百世，封施琅为靖海侯，世袭爵位。

康熙二十二年（公元 1683 年）十二月，郑克塽等奉旨进京。康熙对原台湾的官员都给予封赏，让他们在朝中为官。尤其值得一提的是，康熙对郑成功子女的态度，他不但认为郑成功、郑经并非"乱臣贼子"，命将其父子灵柩归葬南安，还亲自赠送了一副对联："四镇多二心，两岛屯师，敢向东南争半壁；诸王无寸土，一隅抗志，方知海外有孤忠"，挽念郑成功收复中华故土的不朽业绩。

明白人在家事上也犯糊涂

康熙是个明白人，这一点大多数人恐无异议，但明白人有时候也办糊涂事。俗话说"清官难断家务事"，对康熙来说就是明白皇帝也难断儿女事。于是在继承问题上，他是立了又废，废了又立，然后立了再废，结果把自家这湾水搅得浑之又浑。

康熙十四年（公元 1675 年）十二月十三日，康熙下令册立刚满周岁的皇二子、嫡长子胤礽为皇太子。这意味着胤礽长大以后，将肩负着大清朝兴旺的使命。但是，康熙晚年，就在胤礽即将实现父皇所托的时候，康熙竟然下令废掉这位皇太子。然而不久，又复立胤礽为太子，旋即又废。这二立二废，就如天上行石，变化莫测。

其实，胤礽是一位十分聪明的皇太子，自幼学习四书五经，骑射、言词、文学都很出色。康熙对皇太子的表现相当满意，但与此同时，由立太子而产生的皇储矛盾，也一天天尖锐起来。

问题初始于太子不孝。康熙二十年（公元 1690 年）七月，乌兰布通之战前夕，康熙在出塞途中生病，想要返回京城，便令皇太子与皇三子到驿站前迎驾。胤礽到行宫看见康熙身体不适，容颜消减，竟然没有半点担忧之心。这使得康熙大为不满，他认为这位太子对自己没有忠爱之情，于是就让太子先回京师。后来康熙废太子时说对他已经包容了20年，就是将这件事作为起点来说的。

后来，康熙又发现皇太子暴戾不仁，对诸王、贝勒、大臣、官员以至兵丁，任意凌辱，恣行捶挞，对检举他行为不端的人更是横加迫害。而且，太子及其属下任意勒索地方官员，鱼肉百姓。南巡时，就曾搜求民间妇女，胡作非为，无所不至。他还派人截留蒙古王公进贡的驼马，放纵奶妈的丈夫敲诈勒索。康熙素来主张宽和仁慈，节俭爱民，这些不孝不仁的行为，都是康熙一向深恶痛绝的。他认为皇太子自以为身居一人之下、万人之上，处处要求与众不同。即使是在兄弟之间也争强好胜，决不落人之后。这种特殊的地位，加上平时人人奉承、谄媚，天长日久，很容易使他忘乎所以，目空一切，妄自尊大，如此下去，怎么能担负大清朝兴旺的重任呢？于是，康熙对太子逐渐产生不满。

索额图系太子生母诚孝仁皇后的叔父、太子的外叔祖父，是竭力拥护太子的一股强劲势力。他帮助太子集结了一批大臣，私怀倡议，凡是皇太子使用的衣服饰物，都采用黄色；一切礼仪，都与皇帝相似；连太子的被褥也与皇帝一样放在门槛里面。后来康熙知道了，便命尚书沙穆哈将被褥移到门外，可沙穆哈惧怕皇太子党，请求康熙颁旨，被康熙怒斥后革职。不久，康熙又发现内务府所属膳房人、茶房人在皇太子处出入，这是宫中所禁止的，便下令将这些人处死。索额图也因为多次违背皇帝的旨意屡遭申饬，这意味着皇太子已经失了皇帝的信任。

康熙四十一年十月，御驾南巡，行至德州时，太子胤礽病重。康熙决定先行回京，留太子在德州调养，并召来索额图前往侍奉。胤礽在德州与索额图朝夕相处，亲密无间，散布了许多怨尤之言。

第二年，康熙便以"议论国事，结党妄行"为由，将索额图交由宗人府拘禁，不久死在幽所。至于究竟是议的什么事，结的什么党，开始并未说明，只在传谕索额图时隐讳地说："朕如果不先发制人，你就会先下手。经过朕一番深思熟虑，还是先指出你的罪行，将你正法。"

后来，在废太子的时候，可以很清楚地看清康熙的心理："从前索额图帮助你密谋大事，朕全都知情，索性将索额图处死。"足可见康熙是将其作为一场未遂的宫廷政变加以处理。索额图的罪行就在于集结太子党，图谋篡权。在处理了索额图之后，问题不但没有解决，皇帝与太子之间的隔阂却日渐加深。康熙甚至怀疑太子要替索额图报仇而谋害于他，于是，废太子之事已经势在必行。

康熙四十七年五月十一日，康熙一行人来到承德避暑山庄围猎避暑。随行的有皇太子和皇十八子等。围猎期间，白天炎热，夜间气温又较低，皇十八子胤祄突然患病。胤祄的生母是康熙宠爱的汉族妇女王氏，即有名的密妃。爱屋及乌，康熙对其所生的幼子，也较其他诸子倍加喜爱。胤祄的病情一天天严重，导致并发肺炎。康熙为此十分担忧，随从官员恐皇上年事已高而病倒，劝康熙不要太着急。只有皇太子无动于衷，康熙因此大为生气，责备皇太子不念兄弟之情，但太子反而愤然发怒。这件事使康熙看到了太子的冷漠无情，他既伤心、又担心。做太子时尚且如此，他日登上皇位、一手遮天，诸皇子又该如何？

除此之外，康熙还发现太子每到夜晚便贴近他的帐篷，从缝隙向里窥视。他怀疑太子将有异动，因而将计划提前，决心立即废掉太子。在外巡视期间，一心争夺储位的皇长子胤禔跟在康熙身边，说尽太子坏话，极

力撺掇康熙废掉太子，某种程度上对废太子一事起了推波助澜的作用。

九月十六日，康熙回到北京，下令在上驷院旁设毡帷囚禁胤礽，并命皇四子胤禛与皇长子胤禔是共同看守。当天，召见诸王、贝勒等副都统以上大臣、九卿等在午门内集会，宣谕拘执太子胤礽之事。二十四日，正式下令废太子，并将其幽禁在咸安宫，与此同时，心爱的皇十八子病逝。这两件事，使康熙悲愤交加，心力交瘁。他多么希望诸皇子能够和睦相处，不再有伤心事发生。但是事与愿违，皇宫里的政治斗争正是由于皇太子被废，而正式拉开序幕。

勤政严苛的雍正皇帝

雍正的才能、性格对于他的政治表现给予重大影响，使其政治表现赋有他的特色、他的形象。政治像人，也有鲜明的个性，雍正如果不是那样的性格，他的时代的面貌也将不完全是那个样子。

雍正处理事务，非常仔细认真。即使是细微之处，雍正也明察秋毫，屡屡发现臣下的疏忽大意、草率从事或掩饰过愆之处。雍正元年，年羹尧上一奏折，大学士已经议论回复；后蔡珽有同样内容的折子上奏，大学士没有察觉，呈交雍正，雍正注意到了，批评他们"漫不经心"。

雍正六年，署理浙江总督蔡桂上奏折说明侦稽甘风池之事，雍正阅后批示："前既奏过。今又照样抄誊渎奏，是何意耶？"具体上奏人忘了这是重复奏报，但日理万机的皇帝对其前折倒是印象很深。

雍正办事之小心处处可见。

他说："朕于政事，从来不惮细密，非过为搜求也。"

可见，他不是挑大臣们的刺，而是他本身办事认真精细的习惯使然，并不断以此要臣下和他一样紧张忙碌。

雍正不许官员设立戏班，原因是多方面的。怕他们贪污腐化，耽于朝政，败坏风俗，则是首先考虑的。担心官员们"以看戏为事，诸务俱

以废弛"。

由于官员们办事拖沓，因循迟延，加上个别怠惰早退，使雍正极为恼火，于是命令他们每天到圆明园值班，日未出时就要到宫门，日落以后才准下班。他们都住在城里，如此往返疲惫不堪。

其实，我们现实生活不也如此吗？只要你办事小心认真，别人就抓不到你的把柄，反而会投给你以崇敬的眼光。

雍正每日召见大臣，议决事情。当西北两路用兵时，一日面见军机大臣数次，晚上也要召见，他看官员的本章、奏折，格外认真，处理及时。今天的事今天了结是雍正的风格。

如在河南巡抚田文镜雍正三年四月十七日奏折上朱批，询问年羹尧向河南运送资财的去向和河北镇总兵纪成斌的为人。五月初七日田文镜回奏报告说已派人了解年的问题，并谈了对纪的印象。四月十六日至五月初六日，头尾算上才20天，他们君臣的笔谈，就进行了一个来回。

五月二十六日，田文镜进一步上奏说明年、纪二人的情况，雍正阅后，在朱批中又问及道员佟世鏻的为人。同一天，田文镜还进呈了一谢恩折，雍正也写了朱批，到六月十三日，田文镜就见到这份朱批了。田文镜随后于二十一日向雍正奏报了佟世鏻的问题。这其中总共16天。

开封到北京的路程是1600里，来回3200里。这些奏折，都由田文镜家人呈递，不可能像驿站传送公文那样，可以日行达三四百里、四五百里，所以这16天，主要是路上来回占用了。

雍正一收到奏折马上批阅，随即发出。他常以不过夜的态度看臣下的折子，因而很快掌握了各方面的情况，并不因为是些平常的事情而拖延，可见行政效率之高。

对雍正事无巨细均亲自处理的作风，有些大臣不以为然，认为雍正胡子眉毛一把抓，太"烦苛琐细"，希望人君不要亲理庶务。

雍正对此辩解说，他是效法康熙60余年的勤政精神，并且强调自己正当年富力强之时，不可稍图暇逸。

他说，如果大家都效忠为国，努力做事，奏章再多，我个人也乐于浏览，并不觉得是一件辛苦的事。如果众人都苟且颓唐，导致政务废弛，一天没有一份奏章，我心里倒是忐忑不安。

雍正二年七月，雍正在《御制朋党论》中，把反对他躬理细务的人归之朋党，认为他们担心当今君主英明，只是想方设法蒙蔽君主来谋取个人的私利，实在可恶。

话都这么说了，谁还敢非议雍正亲理庶务？朝乾夕惕，励精图治，雍正是当之无愧的。

雍正的性格刚毅果断，他对一件事情的利弊，一旦有所把握，就做出裁决，力求达到目的。

雍正五年，雍正朱批指出浙闽总督高其倬办事优柔寡断，于是写了一段话来训勉他，现在来看，雍正这个批示不仅道理讲得极透彻，比喻用得很好，且文字很是优美顺畅，逻辑性强。不妨全文录下，与读者诸君共赏："观汝办理诸务，必先将两边情理论一精详，周围弊效讲一透彻，方欲兴此一利，而又虑彼一害，甫欲除彼一害，而又不忍弃此一利，辗转游移，毫无定见。若是则天下无可办之事矣。夫人之处世如行路，然断不能自始至终尽遇坦途顺境，既无风雨困顿，又无山川险阻，所以古人多咏行路难，盖大有寓意存焉。凡举一事，他人之扰乱阻挠已不可当，何堪自复犹豫疑难，百端交集，如蚕吐丝，以缚其身耶！世间事，

要当审择一是处，力行之，其余利害是非，概弗左盼右顾，一切扰乱阻挠，不为纤毫摇动，操此坚耐不拔之志以往，庶几有成。及事成后，害者利矣，非者是矣。无知阻挠之辈，不屏自息矣。今汝则不然。一味优柔不断，依违莫决，朕甚忧汝不克胜任，有关国家用人之得失，奈何！奈何！"与其说雍正在教导部下，不如说是雍正在勉励自己。教训手下不要优柔寡断，其意是在说明自己刚毅果断。

雍正性格的刚毅果断，表现在政治上就是决策果断。如果对一件事情的利弊，一旦有所把握，就做出裁决。

如实行摊丁入粮，又如倡议耗羡归公，最先都遭到廷臣的强烈反对，但正是雍正的极力坚持，才全面推行。

雍正在推行新政策和整顿吏治期间，大批地罢黜不称职官员，同时破格提升了不少人才，别人批评他"进人太骤，退人太速"，但雍正对此毫无顾忌，坚持到底。正是雍正的坚毅果断，才使得他的许多重大的社会政策能延续下来。

所谓物极必反，刚毅果断过头，不免要急躁匆忙。

雍正少年时代就有性格不定的倾向，忽喜忽怒，性格暴躁难以控制。康熙对这四王爷的性格不敢恭维，说他喜怒不定，并教训他要"戒急用忍"，后雍正把父亲的教诲置于床前，每日揣摩思考，以"动心忍性"。

后来，雍正认为自己已过而立之年，居心行事，性格已经稳定，不再像年轻时那样喜怒无常，特向父亲说明，并请求不要把当时的谕旨记载在档案里。康熙同意了雍正的请求，说这十几年来四阿哥确实没有这种情况了，可以免于记载。

至于雍正是否已经彻底改变，或者仅仅是迫于父亲威严而动心忍

性，现在不得而知，但从其后来的执政倾向，不难看到年轻时雍正的影子。

当然，雍正是在努力改变他的急脾气，如在储位斗争时，雍正大搞佛学研究，大概也有动心忍性的意思。在当上皇帝以后，在给李绂的朱批中雍正写道："朕经历世故多年，所以动心忍性处实不寻常。"

可见，雍正还是留心不犯老毛病，并且表示："朕不甘为轻举妄动之人主。"

看来，经多年磨砺，雍正的自控能力还是很强的。

然而，雍正的许多政策现在来看，往往有一时冲动的嫌疑。如强迫福建和广东人学习官话（看来，这是个历史遗留问题），坚持到处宣讲他的《圣谕广训》，停止浙江人的乡会试等等，都是一时发怒的结果，并没有通盘考虑。

对待官员，雍正更是喜怒不定，让手下官员个个胆战心惊。"伴君如伴虎"，此话不假，更不要说天性暴躁的雍正了。

如雍正对福建陆路提督丁士杰原是赏识提拔，后因小事遭到雍正的破口大骂，过了十几天，雍正又重新夸奖起他来。雍正喜怒无常的性格由此可见。

著名清史专家冯尔康先生如此概括雍正的性格：雍正的自信心有助于他的坚强果敢，但是自信太过，作为皇帝，就容易阻塞言路，影响了政治的改良。

雍正的刚愎自用，当时朝中颇有微词，说他"性高傲而又猜忌，自以为天下事无不知无不能者"，"群臣莫能矫其非"，"为人自圣"等等。

有人说雍正听不得不同意见，不能采纳臣下的建议，这有一定依据，

但不完全符合事实，其实，雍正对于自己所犯的错误还是常常勇于承认的。如雍正四年九月，甘肃巡抚石文焯为了禁绝私钱，建议在甘肃开炉铸钱。雍正最初朱批不允，但不久，雍正就改变了态度。他写道："禁止私钱一事，果如所议，钱法既清，而民用亦裕，区画甚属妥协。彼时朕虑未周详，故谕暂缓，今已准部议矣。"老老实实承认自己原来考虑不周全，对于一向圣明的皇帝来讲，殊为难得。这样，雍正很自然地把事情改过来。

雍正标榜说："朕非文过饰非之人。人非圣贤，孰能无过。尔等果能指摘朕过，朕心甚喜。君子之过也如日月之食，人皆见之，及其更也，人皆仰之。改过是天下第一等好事，有何系吝。"

雍正是个为政务实的君主，不可能事事都文过饰非、刚愎自用。但是他确实有许多过于自信而匆忙行动的措施。大概是由于改革心切而又未能动员各方力量所致，他的勇于认错也多少弥补了这点不足。

总之，雍正时代因为雍正鲜明的个性而打上强势改革的印记，这是后人无法否认的事实。

"暴君"也有惺惺相惜的兄弟

在大多数的民间传说和影视剧里，雍正是一个残兄害弟、心胸狭窄、无情无义的人，但是，他对于弟弟允祥的信任、重用和感情，足以令人们改变这些看法。

胤祥是康熙的第十三子，生于康熙二十五年（公元 1686 年）二月，母亲章佳氏在康熙的后妃中地位平平，于康熙三十八年去世。少年时代即失去母爱的胤祥生性淳诚，谨度循礼，在诸兄弟中虽不算出类拔萃，但文才武艺都不后于人。他十几年间默默无闻，以至在康熙的前十四个皇子中，除幼年夭折者外，只有他一人终康熙朝没有得到过任何封爵。

幸运的是，胤祥在四哥胤禛心目中被视为最可信赖的兄弟。在他十五六岁时，就曾几次与四哥一起随同父亲视察河道工程，巡幸五台山和江南。后来虽遭囚禁，但胤禛却一直没有忘记与十三弟的感情。康熙六十一年（公元 1722 年）十一月，这位挂念他的哥哥成为继统新君后，立即使胤祥重见天日，受封怡亲王并一跃成为朝中最显要的人物。

雍正即位后，对其兄弟们或杀或贬或禁，落得个"弑兄"、"屠弟"的恶名。而他为何唯独亲善胤祥呢？

其实，胤祥得宠靠的是他的"忠敬诚直"、"勤慎廉明"。雍正四年

（公元 1726 年）七月，雍正曾亲书这八字匾额赐胤祥，就说明胤祥确实做到了这八字。

胤祥对雍正毫无二心，全心全意为皇兄消烦解忧。据说，雍正做皇子时，胤祥就倾心雍正，兄弟俩一度"形影相依"，经常赋诗唱答，感情颇为融洽。雍正即位之后，胤祥坚定地与胤禩、胤禟等划清界限，成为雍正最得力的助手。按雍正的话说："怡亲王公而忘私，视国事有如家事，处处体贴，能代朕劳，不烦朕心。"

雍正还喜欢胤祥"直言无隐，表里如一"。雍正很少听进不同意见，而胤祥却能委曲劝谏，既能周旋于诸王大臣之间，又不会扫雍正的龙性，很是得体。据说，雍正最初曾怀疑十七弟胤礼是政敌胤禩的人，因此即位后就贬他去守陵。还是胤祥在雍正面前替胤礼美言，胤礼才得以放回，并被晋封为果郡王，直至果亲王，一度派为要差。一些大臣如李卫也是靠胤祥的建议才得重用的，雍正认为胤祥能"表里如一"，又能"直言无隐"。

如果说胤祥的忠诚是获得雍正宠信的前提的话，那么，其勤奋和清明则是胤祥受到重用的关键所在。

胤祥曾被委任为雍正初年的总理事务大臣，总理户部三库，政权、财权集于一身，并成为服丧时雍正的代言人。那时，公务繁杂，又有胤禩、马齐等存二心的三个总理事务大臣从中掣肘。而胤祥多能承雍正意旨，勤劳任事，成为头绪繁杂、百废待兴的雍正初政时期的中坚柱石。后来，胤祥在清理国库亏空、整治京畿水利、对准噶尔用兵等事中勤勤恳恳，兢兢业业，任劳任怨，真可谓"鞠躬尽瘁，死而后已"。

雍正十分信任胤祥，将一些朝廷机要交给胤祥去办。但是，胤祥时刻以"伴君如伴虎"自戒，丝毫不将机密事透露于外。所以，雍正夸胤祥对要事"一语未尝宣泄"。同时，还赞赏他"一举未尝放逸"。胤祥处处小心谨慎，不炫耀己功。雍正曾多次表示要奖赏胤祥，但是，胤祥每每都坚辞谢让。按例赐给的封银他也不要，破例加赏俸银也辞之不取，逾制增加的仪仗他辞谢不受，加封儿子为郡王他也一再辞谢，甚至雍正特赐的陵寝吉地，他也固辞不要。

胤祥在任户部主事时，过手的钱粮不计其数，他公私分明，以廉洁立品，秋毫不肯染指，更不要说接受官员们的贿赂了。据载，胤祥勤于治事，而拙于理家，王府内"草率不堪"，所以，有人攻击他矫情违意。不过。胤祥一生节俭自持，以致临死前嘱咐后人要丧事从简，不要将金玉珠宝甚至华贵的衣服带入棺内。

胤祥经常受命亲审大案要案，但从来不对案犯用刑，而以辞色辨其曲直，往往能审得实情。另外，他办事也精明利落。按雍正的话说：胤祥"见理透彻，莅事精详，利弊周知，贤愚立辨"。

雍正八年（公元 1730 年）五月初四怡亲王胤祥病故，雍正此时也在病中，但他却带病料理了胤祥的丧事，足见其对胤祥的厚爱。

洪福齐天的弘历

能当上皇帝的人自然有福气，但像乾隆皇帝这么有福气的皇帝不多：天生聪颖，在众多的候选者中早早地确立了地位，祖父辈留下了一份资产优厚的庞大家业，当政 60 年，活到了 80 多岁。一个人一生当中占到其中一条就足以让人羡慕，而乾隆则条条占绝，真可谓洪福齐天。

乾隆帝是雍正帝的第四子、康熙帝的孙子。他能承继父祖之业，登上皇帝的宝座，是与祖父康熙帝在世时对他的宠爱、培养有很大关系。

乾隆帝生于康熙五十年（公元 1711 年）八月十三日，取名弘历。6 岁时，开始入学读书，请庶吉士（官名）福敏做老师，传授知识。他很聪明，据说，凡学过的知识，他都能过目成诵。11 岁那年，他随父进圆明园，拜见祖父康熙帝。祖父看到这个年幼的孙子聪明俊秀，很是喜欢。命带回宫中抚养，交给皇后的妹妹贵妃佟佳氏与和妃瓜尔佳氏代为培养。看得出来，祖父对他的钟爱远远超过了其他皇孙。不仅如此，祖父还不止一次亲自给他讲课，曾用《爱莲说》来考问，弘历不慌不忙，对答如流。祖父更加高兴，百般夸奖他。为了进一步培养自己喜爱的孙子，康熙帝责令他的一个叔叔果亲王允礼传授操作火器的技艺，让他的

另一个叔叔贝勒允祎教他骑马射箭。他很听话，勤学苦练，技艺与日俱增。后来，他果然成为一个精于骑射的能手。

康熙六十一年（公元1722年）夏，康熙帝赴承德避暑山庄消夏。乾隆也随父母前往，祖父把他安排在"万壑松风"书房继续读书。有一天，他随父母前去给祖父请安。康熙一见到孙子，非常高兴，满面笑容，不禁连声称赞："这是个有福的孩子。"含义深远，寄托了无限的希望。

围猎是皇帝在山庄的一项重要活动。有一大，康熙帝带领诸臣出了山庄，举行围猎，也让乾隆跟随。进入永安莽喀围场后，康熙帝遇到一只熊，立即用枪把熊射中，翻倒在地。康熙帝以为熊已射死，就命乾隆射这只死熊。他的本意，是把射熊的功劳归于孙子，也是图个吉兆，再说也是对孙子的实际训练。乾隆应命上马，还未及举枪，熊突然站立起来，急欲向11岁的小孩子扑来。面对这只突然站立的庞然大物，乾隆毫不惊慌，面色自若。康熙帝见此危险情景，连忙又向熊补射了一枪，将熊击毙。康熙帝这才松了一口气。回到营帐后，他对妃嫔们说："这孩子真是有福，将来更会超过朕！"乾隆的幸运，就在于他还没接近熊的时候，熊先站立起来，给康熙再补射一枪提供了难得的机会，也使他的孙子脱离了险境，否则，乾隆接近熊时就非常危险了，后果不堪设想。这件事，康熙帝看作是天意，就是说，天在护佑着他的孙子，也是在暗示他的这个孙子将来必登帝位，所以康熙帝认为他的这个孙子将来比他的福分还大！

历来对雍正帝的即位有种种猜测，而说他阴谋夺位的传说更为广泛。但也有一种说法，认为康熙帝慧眼识乾隆，为了保证自己钟爱的孙子顺天意即位，才选择乾隆的父亲雍正做他的继承人。当雍正帝逝世

时，取出他生前秘密提名即位人的封匣，宣布即位人就是弘历。其中写道："宗室亲王皇四子弘历秉性仁慈，居心孝顺，处事平和，圣祖仁皇帝唯独对他最为钟爱，在宫中抚养，给他的恩惠最多，超出了正常的规定……"雍正帝选择乾隆即皇位，可以说，是按照康熙帝的遗愿所做的选择。

乾隆的治天下之道

乾隆是个生逢盛世的太平皇帝，自皇太极到他这儿已经是第五代了。从历史上的经验来看，西汉东汉也好，两宋唐明也罢，到了这个时候的皇帝大都是坐吃山空的主儿，即使不是败家子，也多平庸无为。乾隆不同，他风流倜傥不假，治理天下也毫不含糊。

乾隆对康熙、雍正的治国方针进行了认真的反思，康熙以"宽"成功，但是因为过宽，遂使晚年吏治败坏，贪风盛行；雍正以"严"取胜，但因为过严，致使大案迭起，诛戮甚众，群臣惶恐。乾隆初拟定以"政尚宽大"为方针来治理国家，这无疑是正确的、适时的。然而，从严酷到宽容，从烦苛到宽松，说起来容易做起来难，因为这是一个非常大的转变，而且是一个很难实现的转变。之所以这样说，首先在于清朝诸帝皆一致强调"敬天法祖"，都以尽孝为律己治国之首务，均赞颂先帝是神纵英武，标榜自己是循皇父旧制扬先祖之业绩。

在这样的形势下，要指责前君的弊政并予以废除和纠正，是要冒很大风险的，有可能被扣上忤逆不孝、擅改祖制的罪名。打破"三年无改父道"陈规固然属于不易，还有更重要的一条，即是新君执政不久，威望甚低，所用大学士、军机大臣、部院尚书和督抚将军，基本上是先皇

倚重的大臣，那些弊端多系他们经办，他们从中获得了巨大的政治利益，不少人就是凭靠苛刻而由末弁微员青云直上荣任大臣的，他们能紧跟新皇一起，无所保留地革弊兴利吗？

虽然面临层层障碍和不小的阻力，乾隆并未胆怯畏缩、犹豫迟疑。这位从小凭借皇祖皇父宠幸、个人才干突出于诸弟兄而君临天下的年轻皇帝，继承了列祖列宗勇于进取、善于制胜的传统，于是，他决心推行"以宽代严，气度恢宏"的才智。一个杰出的统治者，要勇于进取，敢于根据实际情况因时损益地制定政策。因时损益，即以自己拥有的全部权威，扫清实行新政道路上的障碍，使之能被执行，并且还要善于做思想论证，阐明自己政策的正确性和必要性，大张旗鼓地晓谕臣下和人民，竭力使他们信服。

乾隆告诫臣下："一切官员，皆当自度力量识见，缓缓为之，不可为近功邀利之举。"即是说：欲速则不达，凡事要循序渐进，有病要慢慢医治，不可下猛药，以免适得其反。他还说："当今之政，莫若谨守皇考 13 年以来之整理，而向日一二奉行不善，过于苛细者，渐次缓政，则吏治而民安，毋庸我君臣汲汲遑遑。"这其实就是乾隆的"宽缓"之举，反映了他初政时期所行方针的一些特色，甚至在一定程度上体现了他执政 60 年的政治形势和方向。

自即位起，乾隆就毅然改弦易辙，以化解积存的社会矛盾，收拢人心，但他从感情上并不想伤害雍正的前政，从策略上又不愿让人觉察到国家有什么不安定的征兆，于是他巧妙地把改变施政方针的主动权交给了已经死去的雍正。在即位后宣布的大行皇帝遗诏中，乾隆很巧妙地把雍正王朝统治严苛的原因归罪于各级官员，而把转变指导方针的必要性解释为是"皇考遗训"，为自己更改先父政治方针找到了合法而无懈可

击的理由，以使最大限度地减少革新的阻力，顺利实现政策的过渡。乾隆所宣布的雍正遗诏，其中说道：

"至于国家刑罚禁令之设，所以诘奸除暴，惩贪除邪，以端风俗，以肃官方者也。然宽严之用，又必因乎其实。从前朕见人情刻薄，官吏营私，相习成风，罔知省改，势不得不惩治整理，以戒将来，令人心共知儆惕矣。凡各衙门条例，有从前本严，而朕改易从宽者。此乃从前部臣定议未协，朕与廷臣悉心斟酌而后更定，以垂永久者，应照更定之例行。若从前之例本宽，而朕改易从严者，应照更定之例行。若从前之例本宽，而朕改易从严者，此乃整饬人心风俗之计。原欲暂行于一时，俟诸弊革除之后，仍可酌复旧章。此朕本意也。"

从另一方面来讲，所宣布的"皇考遗训"也不完全是乾隆强加在雍正身上的，雍正帝在世时为人精明无比，至执政晚期他原本想从宽治国。雍正帝曾经在"遗诏大意"中表示："朕夙夜忧勤，唯体圣祖（康熙）之心为心，法圣祖之政为政。"只是到了晚年，他的政令苛严早已成为规定，若马上改行易帜，恐造成政治混乱，所以就想以潜移默化之法徐而更渐，来慢慢地改变，但因他寿命已到，无法实现自己的心愿了。在这样的情况下，乾隆要推出自己的新政，将康熙的"宽仁"和雍正的"严明"并用，既不宽大无边，也不繁苛累民，其核心宗旨即是"宽严相济"，采取执中政策。乾隆大帝少时既熟读《礼记》，又得祖父康熙真传，深知中庸是最高美德，并把它作为处理政事的基本原则和方法，自然在施政上有别于其父，他不仅成功地改变了雍正的某些政策措施，消除了很多弊端，并且提出了"中道政治"和"宽严相济"的施政方针，为自己的政策转变制造根据，进行舆论宣传。他为此而宣称：

"治天下之道，贵得其中，故宽则纠之以猛，猛则济之以宽。而称一张一弛，为文武之道。凡以求协乎中，非可以矫枉过正也。皇祖圣祖仁皇帝深仁厚泽，垂六十年，休养生息，民物恬熙。循是以往，恐有过宽之弊，我皇考绍承大统，振饬纪纲，俾吏治澄清，庶事厘正，人知畏法远罪，而不敢萌侥幸之心。此皇考之因时更化，所以导之于中，而整肃官方，无非惠爱斯民之至意也。皇考尝以朕为赋性宽缓，屡教诫之。朕仰承圣训，深用警惕，兹当御极之初，时时以皇考之心为心，即以皇考之政为政，惟思刚柔相济……以臻平康正直之治。夫整饬之与严厉，宽大之与废弛，相似而实不同。朕之所谓宽者，如兵丁之宜有恤，百姓之宜惠保，而非罪恶之可以悉赦，刑罚之可以姑纵，与庶政之可以怠荒而不理也。"

乾隆虽以"宽广"为方针，但也不忘律之以严。在他的新政刚实行了两个多月，就发现："近日王大臣等所办事务，颇有迟缓疏纵之处，想以朕宽大居心，诸臣办理，可以无事于整饬耶？此则不谅朕心，而与朕用宽之意相左矣。"也许他这是借故显示皇父雍正严苛的正确性，表示自己对父道的至孝致敬，但他毕竟明白：在纠正一种政治极端的时候，必须谨防另一政治极端的产生，用今人的话说就是要防止一种倾向掩盖另一种倾向。纠正雍正的苛严不算难，难的是要同时防止宽纵、因循的弊病抬头，重蹈祖父康熙晚年政治的覆辙。

在上面的谕旨中，乾隆一方面肯定了皇祖以宽治国方针的正确，认为这项方针使国家太平、人民安居乐业，全国一片欢乐景象；二是肯定皇父雍正的严猛是出于形势需要，为纠正过宽之弊，因而振饬朝纲，目的还是为了"惠爱"人民，究其用心而论，与康熙的宽大方针并不矛盾。最后，乾隆很巧妙地回到了主题，即正式宣布以宽治国，详细论证自己

主"宽"十分必要，是因时制宜，以柔克刚，相辅相成，与皇父之政并不冲突，要求总理事务大臣认真体会自己的"宽大居心"和"用善之意"，严明振作，便能达到"常用其宽，而收宽之效"，并且要求臣子不能因此而流于废弛，否则自己将施以严惩。

无论是按照乾隆的说法还是在事实上，康、雍、乾三朝总的方针的确是一脉相承、并无差别的，只是具体的政策措施因时变异，各有特色。乾隆说雍正的严是不得已，是为了纠正康熙晚年宽纵之弊，而他自己修正雍正的政策，同样出于不得已。他说："朕即位以来，深知以前奉行之不善，留心经理，不过欲减去繁苛，与民休息"，"朕自嗣位以来，蠲免租赋，豁除赔累，裁革积弊，广增赦条，无非惠保良民，使得从容休息，衣食滋植"。由此，乾隆认为他和康熙、雍正祖孙三代总的政治方针并无质的变化，只是因时制宜，针对政治上这样或那样的弊端而采取或宽或严的措施，仅是"酌量调剂"而非"轻议更张"。他说："朕仰承皇考贻谋远略，一切章程，唯有守而不失，间或法久弊生，随时斟酌调剂则可，若欲轻议更张，不独势有不可，亦朕之薄德，力有所不能。"

为了能使新政得以顺利实行，巧用移花接木之术，在不变之中应万变，促使臣子心悦诚服地转变施政的态度，乾隆再三强调自己是在继承祖、父之业："朕凡用人行政，皆以皇考为法，间有一二事酌量从宽之处，亦系遵奉皇考遗诏，并非故示优容。"看起来，乾隆是多么孝顺，什么都按雍正的政策办事，即使行使宽大措施，也是遵照父亲的遗命。无论其真假，仁义之心可鉴。这些都为他清除施政道路上的障碍奠下基础，使自己的目的得以实现，新政名正言顺地被臣民所接受了。

生不逢时的平庸皇帝

这里所说的生不逢时，一是就世界范围内的历史进程而言，二是就前面几位皇帝的丰功伟绩而言。不可否认的是，当时的世界中心早已转到了西方。这几位皇帝处于清王朝走势一路向下，而西方的发展却如日中天并向外急剧扩张的时代。他们很难突破局限，像彼得大帝那样放下架子，以学习的态度与西方接触。其实，这五位皇帝也许少了一点大政治家的器识，但个个不乏才华，也都未曾荒政，他们的无所作为，更多的只是历史的悲剧。

三年的"夹板皇帝"

在其位而不得其权，这种滋味一定很不好受，要命的是，除了一个虽然年老但仍然聪明的太上皇之外，还有一个权倾朝野、眼里只有太上皇的"宰相"，看来，嘉庆皇帝的夹板气是受定了。不过，能够低眉顺目地当上 3 年这样的夹板皇帝的人，绝对不是三国时曹髦那样的凡夫俗子。

乾隆六十年（公元 1795 年），在皇位上坐了 60 年 86 岁高龄的乾隆皇帝决定禅位给自己的第 15 个儿子嘉亲王颙琰，自己退位当太上皇。嘉庆元年（公元 1796 年）正月，紫禁城里举行了庄严而隆重的禅位仪式。颙琰陪同乾隆到奉先殿等处行了礼，又在太和殿接过了乾隆亲授的玉玺，并正式改元为嘉庆。

颙琰生于乾隆二十五年（公元 1760 年），乾隆五十四年被封为嘉亲王。他的母亲魏佳氏是乾隆的妃子，其祖上本来是汉族人，后来入了旗籍。颙琰自幼受到严格的教育，举止端庄凝重，为人内向多思。从 6 岁起开始跟随皇家师傅读书。到 13 岁时，已经熟通了四书五经。颙琰天资聪颖，文思敏捷，文章写得很好。乾隆皇帝是个通达诗歌词赋、喜欢吟风弄月的人，他对颙琰的聪明是很赞赏的。有一次，乾隆在上元节摆

设盛宴款待外藩重臣，特意让当时年仅 14 岁的颙琰参加，体现了他对颙琰的疼爱和器重。

　　乾隆皇帝晚年一直被立储的问题困扰着，他的诸皇子中，有的已经死去，有的对当皇帝根本不感兴趣，还有的生怕招来杀身之祸，因此敬而远之。嘉庆皇帝的即位看似一帆风顺，但细细体会也有起伏跌宕之处。雍正皇帝在位期间，当时还是宝亲王的乾隆皇帝的第二子出生了，这个儿子是乾隆的嫡福晋所生。由于以前的皇帝没有一位是嫡长子，所以雍正皇帝非常重视这个孙子，并亲自赐名永琏，暗示在乾隆之后立他为皇帝。乾隆皇帝即位后，马上将传位永琏的诏书放在了正大光明匾后，谁知永琏并不是当皇帝的命，只活了 9 年就离开了人世。其后不久，皇后又生下了皇七子永琮，一心想完成祖先遗愿的乾隆皇帝，马上决定立这位嫡子为太子。谁知传位永琮的诏书刚放到正大光明匾后，两岁的永琮也离开了人间。连丧两子的乾隆皇帝，再也不敢立嫡子为太子，更不敢将传位诏书放在正大光明匾后边了。这样，乾隆皇帝只得在庶出的皇子中选择了忠厚老实的颙琰，而且，为了不让老天夺走他这个儿子，乾隆帝一直没敢宣布立他为太子。直到即将禅位前一年，才正式公之于众。

　　嘉庆即位后，他那位自称是"十全武功"的父亲、太上皇乾隆却仍然贪恋君临天下的权势，宣称自己健康状况依然很好，每天都是勤勉不倦地处理政事，继续把握着大清朝的一切军政大权，各项用人理政的措施都要由他来决断。嘉庆只好充当了傀儡皇帝的角色，他每天除了批阅奏章、接见臣僚，就是陪同乾隆四处巡游、打猎，参加各种宴会，有时也率领皇子们练习弓马骑射。乾隆皇帝不肯让权给嘉庆，在史书上有很多记载。比如说，嘉庆每每遇到军国大事，都要到内廷请乾隆皇帝裁决，自己不敢擅作主张。按理说，嘉庆登基后，更改年号，所有的官书也应该随之更改，可当时却存在两种时宪书。颁给内廷和亲近王公大臣的，使用乾隆年号记年，而全国发行的时宪书一律采用嘉庆年号。时宪书就是历书，一般家家户户都要备上一本，故传布甚广。在宫廷中，有乾隆六十一年至六十四年的时宪书，世人视为珍本。而且，这件事在朝鲜的史书中也有记载，当年朝鲜使臣到北京后，本来应该由嘉庆皇帝接见的，但是朝鲜的使臣回国后，却只知道有乾隆，而不知有嘉庆，由此可见，嘉庆这个皇帝只不过是个操纵在乾隆手里的木偶。

嘉庆皇帝的有名无权，还表现在对和珅的处理上。嘉庆对和珅的痛恨由来已久，他早就想把和珅除掉，但无奈自己没有实权。乾隆禅位给嘉庆后，和珅见乾隆无意交出大权，更加猖狂。嘉庆皇帝想召自己的老师朱珪回京，和珅就跑到太上皇乾隆那里搬弄是非，说嘉庆是在趁机笼络人，乾隆信以为真，十分生气，就下旨把朱珪外放到安徽做官。有了乾隆的支持，和珅更加有恃无恐。这时的乾隆毕竟已经是一位80多岁的老人了，未免有些糊涂，和珅就成了乾隆的传话筒，乾隆的很多旨意都由和珅来传达，因此和珅根本就不把嘉庆皇帝放在眼里。

嘉庆四年（公元1799年）乾隆皇帝寿终正寝，享年89岁，是历代封建帝王中的长寿冠军。至此，嘉庆皇帝才开始真正的亲政，这时，他已经39岁了。

雷厉风行拿下和珅

皇帝与权臣的关系，类似于猫与老鼠，皇帝虽然是天生吃老鼠的猫，但被硕鼠所伤所吃的例子屡见不鲜，这种事在汉唐时代尤多。但是在清朝，大臣不管曾经多么不可一世，也只是皇帝的奴才，孙猴子一个筋斗10万8千里，也逃不出如来佛的手掌心，嘉庆轻轻一捏拿下耀武扬威数十年的和珅就是一例。

皇太极在世时，曾告诫他的兄弟子侄们说："钱财乃身外之物，不可过多谋取，惟建功立业才能永垂不朽啊！"可惜，身居宰相高位的和珅一点也不懂这个道理，从步入官场时起就拼命谋取财富，手段无所不用其极，明取暗夺，毫无顾忌。在20年中，他谋取的财富堆积如山，金钱之多，相当于全国数年财政收入的总和。可是，他不曾想到，这些庞大的财富终于给他带来杀身之祸，落得遗臭万年的可悲下场……

当乾隆帝坐满60年的皇帝宝座时，决定把他的皇位让给他的第15子颙琰，第二年改年号为嘉庆元年。乾隆帝虽说退位，为太上皇，仍然操纵国家大权。和珅骄横、专权，仍有恃无恐，不知收敛。嘉庆帝看在眼里，恨在心上，下决心除掉他。其实，痛恨和珅的岂止嘉庆帝一人！那些遭受和珅打击、迫害的人对和珅有切齿之恨，自不必说；还有许多具有正义感的人，都看到和珅作恶累累，敢怒而不敢言，等待时机，同他算账！

和珅倒运的日子终于来到了。嘉庆四年（公元 1799 年）正月初三，乾隆帝在养心殿病逝。从这时起，嘉庆帝才开始亲政。他首先向全国发布一道谕旨，宣布他的施政方针，其中，痛斥官场中种种恶习和腐败作风，要求各级官吏重新振作精神，匡救时弊，整治吏治。

嘉庆帝的号召一发表，朝廷的一些大小官员就积极响应，不约而同地把矛头指向了和珅。给事中王念孙首先挺身而出，大胆揭发和珅的罪行，顿时，引发连锁反应。御史胡季堂继其后，一一列举和珅的种种不法行径，并把嘉庆帝在谕旨中列举的问题统统归罪于和珅，坚决要求给予严厉制裁。

嘉庆帝就借这个机会，迅速行动，立即撤销和珅的一切职务，逮捕审讯。和珅失去了乾隆帝的庇护，乖乖就擒，昔日的权势与威风霎时扫地！和珅的同伙、党羽个个惊慌失措，树倒猢狲散，纷纷反戈一击，揭发他的罪行，目的是免使自己受牵连。

嘉庆指令五大臣联合审讯和珅，之后，他还亲自当面提审，以掌握和珅的犯罪事实。他曾问和珅："你家中用楠木建房，僭越制度规定，是不是自宫中窃出？房建均照宁寿宫式样，是何居心？"和珅交代说："楠木是奴才自己买的，曾派胡太监往宁寿宫画下图样仿造的，所以与宫中一样。其中水晶柱系由宫中窃出。"

"你家所藏珍珠手串有二百串之多，较皇宫所有还多三倍，其中大珠比朕帽顶戴的还大，所有宝石也比内务府更多更好。这些宝物都是从哪来的，岂不是你贪盗的明证吗？"

"回皇上，诸物都是各地官吏所送，大半是武官送我的。"

嘉庆帝还审问出宫的女子被选入和珅家中，擅坐椅轿，出入皇宫等等，和珅都逐项招认。

在审讯的同时，嘉庆帝已派出大臣查封了和珅的全部家产。在搞清了和珅的犯罪事实后，嘉庆帝向全国发布谕旨，宣布和珅共有 20 条大罪：朕于乾隆六十年九月三日，蒙皇考（指乾隆帝）册封太子，尚未宣布，而和珅竟提前在朕面前漏泄机密，以吊取拥戴之功，大罪一。上年正月皇考在圆明园召见，和珅竟骑马直进中左门，过正大光明殿，无父无君，大罪二；乘坐椅轿，抬入宫内禁区，众目所视，肆无忌惮，大罪三；私娶宫女为次妻，大罪四；川、楚（湖南）"教匪"（指白莲教）造反，大罪五；和珅扣压各路军情，不向朝廷报告，大罪六；皇考带病批阅奏章，间有模糊之字，和珅竟说不如撕去另拟，大罪七；管理吏户刑三部，将户部事务一人把持，变更成法，不许部臣参议一字，大罪八；西宁发生贼众抢劫杀伤，将原奏折驳回，隐瞒不办，大罪九；皇考升天，朕令蒙古王公未出痘者不必来京，而和珅胆敢违抗，下令无论出痘与否都不必来京，大罪十；大学士苏凌阳衰老不堪任用，因与和珅之弟和琳为姻亲关系，竟起用而不报告，大罪十一；军机处记名人员随意撤去，大罪十二；私盖楠木房屋，奢侈违制，式样仿宁寿宫，大罪十三；其子建坟设立飨殿，开置隧道，有"和陵"之谮称，大罪十四；所藏珍珠手串较宫中多数倍，而大珠比御用冠顶还大，大罪十五；独据宫内所无之大宝石，大罪十六；家内白银饰物等，数目过千万，大罪十七；夹墙内藏赤金二万六千余两，私库赤金六千两，地窖银百余万两，大罪十八；在通州、蓟州私设当铺，占资本十余万，与民争利，大罪十九；家人刘全私窃资产达二十余万两，又有私藏违禁之大珠及珍珠串无数，大罪二十。以上各条，和珅供认不讳。如此丧心病狂，目无君上，贪得无厌，僭妄不法，如不重处，何人心服！

和珅的罪状，除了僭越违制，主要是贪污。已查出的财产全部入了嘉庆帝的库存。时人说："和珅跌倒，嘉庆吃饱。"

和珅的同党福长安也被捕定罪。

经五大臣会同各有关部门讨论，一致同意判处和珅凌迟处死，福长安处以斩首，并报到嘉庆帝批准。他也有种种考虑，如果把他父皇最宠信的和珅拉到法场，在大庭广众之中，一刀一刀地把他慢慢杀死，这对于已故的父皇毕竟不是一件光彩的事。他权衡利弊，还得从维护父皇的名誉出发，决定减轻处理，将凌迟改为赐令自尽，对嘉庆帝来说，也会得到个"仁慈"的好名声。对于福长安，也予以从宽一些，改判立即处死为死缓，待秋后处决，命令把他押到和珅所在的监狱，叫他跪在地上亲眼看着和珅自尽，这大概是嘉庆帝想让他们共同体验如此下场的滋味吧！

这是一个中午，刚刚吃过午饭，执法官员捧着嘉庆帝的圣旨，来到监狱宣读。和珅跪在地上，听完，叩头谢恩，然后，对他的儿子和福长安说："我和你们服侍先帝甚久，本该一道同归。今皇上已有钟爱之臣，不再需要我们了，我就先走了。"说完，用系在梁上的绳索套住自己的脖子，不一会儿，气绝身亡。福长安跪在一边，眼睁睁地看着和珅吊死……

一个显赫的人物，就这样结束了他的一生。

差点没能当上皇帝的道光

历史上差点当上皇帝的人很多，差点没当上皇帝的人也大有人在，道光就是其中一个。所差的一点意味着什么？意味着君与臣的区别，意味着是制人还是制于人。

嘉庆皇帝在承德避暑山庄突发疾病，仅卧床一天就离开了人世。按照秘立家法，皇帝在将咽气时或咽气后，必须立即启开鐍匣，宣布皇位继承人，然后才能发丧。嘉庆弥留之际，已经不能言语，只以手比画，要诸位大臣找出鐍匣，宣读密诏。然而，就在此时，人们发现，隐藏着天大秘密的鐍匣不见了。那么，鐍匣究竟落入谁人之手？谁又才是真正的真龙天子呢？

自雍正朝起，为了防止诸皇子争夺皇位、骨肉相残，于是创建秘密立储制度。即皇帝健在期间，密写诏书，立某阿哥为皇太子，密封在鐍匣里，安放于乾清宫"正大光明"匾后。等到皇帝传位时，再取下宣读，继统即告完成。

乾隆在位时，他经常东谒西游，南巡北幸，远离京都皇宫。可能因此多了个心眼，密立诏书一式两份，一份封藏于鐍匣，放在"正大光明"匾后，一份则亲自携带，从不离身。嘉庆二年，乾清宫毁于火灾，原有匾联，均化为灰烬。嘉庆十八年，天理教造反农民进攻紫禁城，差一点用火把皇宫点着。嘉庆二十四年，宫内文颖馆失火，烧掉了几间房，幸亏被及时扑灭。而且，库银被盗，印信失窃，甚至军事国防最高机构的兵部关防都丢失了。

上述种种情况表明，乾清宫"正大光明"匾后毫无安全保障。事关王朝延续承传大局，嘉庆帝怎么会放心地让密诏待在那儿呢？尤其在京都期间，他多半时间住在西郊圆明园。到木兰围场打猎，能不将密诏带在身边吗？如果不是嘉庆帝猝死，鐍匣风波根本就不存在。

七月二十五日下午，嘉庆病情恶化，他用手比画着，戴均元、托津心领神会，知道皇上欲宣布密立诏书。两人仔细摸遍嘉庆帝全身，不见密诏踪影，接着监督内臣启开自京都带来的十几个箱子。真可谓翻箱倒柜，里里外外全都搜遍，仍一无所获。鐍匣在哪儿？到底有没有密诏？嘉庆帝临终的比画究竟是什么意思？

这时，嘉庆帝已经停止了呼吸，在避暑山庄的王公大臣和侍卫们陷入混乱和恐怖之中。嘉庆帝临终前既没有交代，密诏又找不出来，立储问题是否会演成争夺皇位的悲剧？对于四位皇子中长者绵宁（道光原名）来说，这是自然要考虑的问题。

嘉庆帝共有 5 个儿子。皇长子为侧妃刘佳氏所生，1 岁多就夭折了。皇二子旻宁，嘉庆帝之爱妻塔拉皇后所生。嘉庆二年，皇后逝世，他把对皇后的恩爱全部倾注在其子身上，寄予厚望。30 多年时间，尤其关心对旻宁的培养教育，时常让他代替自己祭祀天地祖宗，出巡时又令其陪伴左右，耳濡目染，体会为君之道。当旻宁进入而立之年时，历史并没有为他提供显示才能的机会。如何树立他在满朝文武中的威信和影响，以便将来顺理成章地接班，便成为嘉庆帝常挂心上的问题。

　　嘉庆十六年（公元 1811 年），旻宁正跟随嘉庆在热河行围，因猎物稀少，嘉庆心中不快，让旻宁、旻恺提前返京。旻宁返京不久，九月十五日正在上书房读书，忽报天理教农民造反自东华门进攻皇宫。旻宁躲在上书房不敢出来，至午后，以为事态已经平息，准备赴储秀宫向皇后请安时，另一路造反农民攻进西华门。不久隆宗门杀声突起，撞门声大作。他虽说年过 30，但一直养尊处优，没有征战的锻炼与经验，吓得心惊肉跳，手足无措。当时，有五六个造反者越御膳房矮墙爬上内右门西大墙。若再向北去，即可到达皇后居所储秀宫。眼见灾难临头，要出大事，旻宁面无血色，不知如何是好。在旁总管太监常永贵急忙提醒他："若不用鸟枪拦打房上之人，便没有别的办法了。"虽然他手中握着鸟枪，但在大内开枪要犯忌，不敢贸然从事。经总管敦促，旻宁也管不了许多，举枪连续打倒墙上两人，其余的人也不敢再上墙了。这期间，留京王公大臣引兵入神武门，且把火器营精锐部队 1000 多人调进皇宫，造反者抵挡不住，3 天后被镇压。

　　清廷镇压了天理教造反后，论功行赏，所有参与者都破格嘉奖。嘉庆帝考虑到，旻宁年过 30，既无武功，又无政绩，默默无闻。此次开枪阻止造反者，正是树立他威望的最好机会，不管旻宁当时表现如何怯软，他仍把头功给予旻宁，晋封为智亲王，可见其用心良苦。往事历历在目，藏于皇后居所鐍匣之密立诏书，毫无疑问，当然非旻宁莫属。所以皇后居所鐍匣无影无踪，势态对他极为不利，他又不便将心里的想法提出来，可是如何结束这令人难受的皇位真空呢？

　　旻宁时已 39 岁，深悉其中利害关系，为避免节外生枝，他袖手旁观，决不参与。主持此事的重任，不得不落到当时职务最高、为人最持重而且最有办事能力的戴均元、托津身上。戴均元才学优异，谦恭谨慎，深得嘉庆帝器重。嘉庆十八年（公元1813年）秋，他出任南河总督，后积劳成疾，请假回归故里养病。当时河工尚未完竣，两江总督铁保又向皇上奏请增加费用600万两。嘉庆帝以所耗资金过大，命大学士戴均元前往河南工地实地审度。由此可见，戴均元与嘉庆帝关系笃深，非同一般。托津，富察氏，满洲镶黄旗人，理藩院尚书博清额之子。托津为人诚朴，办事实心，老成公正，外省有重要大案，总任其前往审理，嘉庆帝将其倚为左右手。

皇帝密诏还没有下落，大臣们急得如热锅上的蚂蚁。经过一番商议，决定一面派人进京，面奏皇后，报告皇帝宾天的消息，另一方面则继续在皇宫和行宫中寻找，以期出现一线希望。皇后得知此事，丧夫之痛如雷轰顶，但她抑制住悲伤，仔细寻找宣布先帝遗诏的妥善方法。虽然大清入关以来，规定后妃不得干预朝政，但是在这样危急的时刻，如果不立即做出合理的解决，后果将不堪设想。

最后，皇后破例采取权宜之计，她以自己的名义拟了一道懿旨，说她完全理解和尊重先夫的意愿。她心里清楚，旻宁是皇帝最宠爱的已故皇后的嫡子，且自幼勤奋好学，嘉庆皇帝早有意将其立为太子。如果她有私心，凭借自己在宫中的崇高威信，完全可以假托帝意立自己的亲生儿子旻恺为帝。可是她没有这样做，基于理智，基于对清王朝命运的责任，基于对早已形成的现实的尊重，她做出了正确选择，从而受到满朝官员的尊敬。

而避暑山庄里，王公大臣们经过整夜寻找和争吵，已经疲惫不堪。就在这时，小太监带着皇后居所鐍匣姗姗来迟。盒子打开了，在场所有人跪伏在地，当场宣读："嘉庆四年四月初十日卯初立皇二子旻宁为皇太子。"一块石头终于落地，王公大臣们拥旻宁即位，总算完成继统的顺利过渡，清朝的历史揭开了新的一页。

龙袍也会打补丁

龙袍也会打补丁？这似乎是天下奇闻，但这一奇闻就真实地发生在道光皇帝身上。道光帝以节俭著称，尽管节俭到在龙袍上打补丁有一点做作之嫌，但毕竟对于老百姓和社会风气来说，这都算作一个有益之举。

在清代帝王，甚至在所有古代帝王中，道光帝是最节俭的一个。

道光元年（公元 1821 年）十一月，道光帝到乾清门听政，颁布一道谕旨，名叫《御制声色货利谕》，这是一篇系统论述君主必须崇尚节俭、汰除奢华的上谕。他首先说明声色是大害，为帝王者要防微杜渐，如果沉溺于声色中，政事不理，大权旁落，统治就会不稳，百姓就会遭殃。接着，他又说明上贡给皇室的物品必须限制，尽量少一些，否则会侵扰百姓。他说："帝王不应该有私有财产，有私财就一定会有私事，有私事就一定会有私人，有私人就很可能为他所愚弄。所以，作为一个君主，要知道耕织的艰难，全力崇尚节俭，如果节省一分，天下就会受一分之幸，这对于吏治民生，都是有益处的。"

道光帝还具体提出节俭的标准，这就是："宫室建筑一定不奢华，饮食服用一定不奢美，不应该因为自己一个人的需要而牵累了天下百姓，必须把天下的利归还给天下。"他还对臣下们说："所有官员都有监督我及大清后代子孙的责任，如果谁奢侈浪费，你们应该进谏，如果君主不听，就是祖宗的罪人，如果臣下不进谏，就是万世不忠的臣子。"

道光帝的可贵之处是说到做到，不做表面文章给别人看。即位之初，他就下令停了福建荔枝贡、扬州玉贡，随后又命令减少各省各种物品的进贡。不久，又把陕西口外梨贡、两淮盐政进贡的烟盒花爆等物也停了。

清代历朝相沿的大规模活动，可以说数热河避暑、木兰秋猎了。皇帝在每年的夏季都带领宫室人员到热河避暑山庄去避暑，一去就几个月，这期间的皇室供应更为繁多。到木兰围场打猎，规模更大，随从更多，沿途对百姓的骚扰更厉害。道光帝考虑到这些活动耗费大，因而很少举行。除了每年祭扫祖陵，他很少离开京城。内廷重要节日，按习惯都要进献、设宴，以示庆贺，道光帝也多次取消，对于国家开支，他也精打细算，如发兵征讨张格尔时，他坚持制定军用则例，以防贪污和过多耗费。类似这方面的例子很多。

最能说明道光帝节俭的，是营造墓地一事。皇帝生前享尽人间的荣华富贵，死后还要把这种荣华富贵搬到阴曹地府，在那里继续享乐。一般的情况是，皇帝即位后不久，就为自己营建"万年吉地"，而且极为奢侈，往往要耗巨资和大量人力，直到皇帝年迈才造完。像明代万历皇帝营造的墓地，是最著名的地下宫殿，耗资巨大，堪称之最。

道光帝崇尚节俭，他自然不会忽略这一重要关节。他即位后，大臣开始上奏，要求选地营造万年吉地。道光帝多次下达谕令，一切从节约的角度出发。经勘察风水，墓地选在东陵的宝华峪。道光五年（公元1825年）二月，他亲自检查后表示满意。工程也很快启动。负责工程的是英和，这个人敢作敢为，对道光帝侃侃而谈汉文帝薄葬的事例，很

合皇上的胃口。竣工后，道光七年九月将孝穆皇后的灵柩放了进去。

不料一年以后出了麻烦，发现陵寝木门外墙根潮湿，有漏水的迹象。道光八年九月十一日，道光帝亲自赶到现场踏查，这时积水竟深达一尺六七寸之多。经调查，才知道动工时土里就有石母滴水，但英和没有重视；具体承办人曾建议安龙须沟出水，英和也不同意。为了节省开支，工程质量草率粗糙，如石券旁没有安置叠落石格漏，砌墙海墁等石工于碰楞处只用松香、白蜡掺和石面勾抹等等。道光帝处分了办事各官。

道光十一年二月，道光帝又亲自到西陵，选定龙泉峪为"万年吉地"。命令穆彰阿等办理，工程一切仍从简。方城、明楼、穿堂各券、琉璃花门、石像座全部撤去不做，大殿三间单檐做成，甬路不必接到大红门，太监营房也不建造，仅这些就节省了几十万两银子。道光十五年九月，工程最后完工。和其他帝王陵寝相比，道光帝的墓地确实显得简朴。但是，由于从节约的角度出发，第一个墓地废置不用，另造了一个，所以加在一起的银两开支并不少，当然这是道光帝始料不及的。

野史笔记还记载了许多有关道光帝节俭的事例，其中有的近似笑话。《郎潜纪闻二笔》中记载了道光帝领导改革"新潮"服装的事，耐人寻味。

道光帝中年，更加崇尚节俭，曾经有一件御用黑狐端罩，衬缎稍微宽了一些，道光帝让太监在四周添皮。内务府的人说，这需要银子1000两，道光帝说："这种小小的改做也需这么多银两，太浪费了，不要添皮了。"第二天，军机大臣到朝中处理政事，道光帝把这件事对他们说了，从此以后京官（相对于地方官，即中央官员）穿裘皮不出风的习尚，沿袭了10多年。

道光帝统治的 30 年中，其节俭的程度是历史上所罕见的。他穿的套裤，膝盖处磨破了，也不去换一条新的，而是让人在坏处打上一个圆绸，补一下了事，即"打掌"。于是，大臣们也竞相仿效，在膝盖间也缀上一个圆绸。有一天，召见军机大臣，当时曹振镛跪在最前面，道光帝看见他的膝盖间补缀的痕迹后，问道："你的套裤也打掌吗？"曹振镛回答说："重新做一条太贵，所以也打掌。"道光帝又问："你打个掌需几两银子？"曹振镛感到惊讶，马上回答说："需银子 3 钱。"道光说："你们外间做东西便宜，我们内宫需银子 5 两，太贵了！"

还有一次，道光帝问曹振镛说："你家吃鸡蛋，需多少银子？"曹振镛跪下回答说："臣小时候得了气病，从来没有吃过鸡蛋，所以不知道价格。"

身为一国之君的道光帝，大可不必为区区 1000 两银子发愁，更不用因为节省几十两银子而不换新的套裤，他是要带头做节俭的表率。他知道自己的国家已不像乾隆爷那时那样富有，百姓更是贫穷得很，所以奢侈不起来。道光的节俭，固然出于维护统治的需要，但他认识到"宫中省一分，民众受一分福"，这在封建时代也是难能可贵的。

取巧得位的咸丰帝

　　竞争，会让最愚笨的竞争参与者都变得聪明起来。咸丰帝的皇位得来的也不是那么顺理成章，好在他有竞争精神，并因此变得足够聪明。

　　咸丰皇帝——爱新觉罗·奕詝是道光皇帝的第四个儿子，母亲是孝全皇后。奕詝出生前，道光皇帝本来已有三个皇子。次子奕纲、三子奕继早亡，皇长子奕纬，最受道光帝的宠爱，长至23岁，已经出落成人。一日，奕纬的师傅强逼其背诵经书，告诉他："好好读书，将来好当皇帝。"奕纬终究是个孩子，不耐烦地顶撞道："我将来做了皇上，先杀了你。"道光皇帝知道这件事后，当即召见大阿哥奕纬。奕纬刚刚跪下请安，道光就气愤地踢了他一脚，正好伤及下部，没过几天就死了。三皇子的相继死去，使年近半百的道光帝悲痛万分，对于皇朝未来的继统大事隐怀不祥之兆。唯一令道光帝稍感欣慰的是，皇长子过世时，全贵妃钮祜禄氏和祥贵人均已身怀六甲，如能生得男婴，亦堪来日大用。

　　在道光的群妃众贵当中，全贵妃钮祜禄氏最受宠爱，其父是承恩公颐龄，曾仕宦苏州，钮祜禄氏随父同行，备受江南山水浸染熏陶，聪慧绝伦。道光初年入宫，道光三年（公元1823年）册封为全妃，道光五年晋全贵妃，成为后宫中红极一时的人物。

全贵妃怀孕后，本来十分高兴，认为只要生下皇子，就能母凭子贵，但令她担忧的是同是身怀六甲的祥贵人月妊要比她早一个多月，这时谁先生下皇子，就意味着在储位之争中占得先机。为此全贵妃想出了一个好办法。

一天，宫中御医又来给全贵妃诊察，全贵妃见左右无人，便小声问道："不知这腹中是女是男？"因全贵妃平素在宫中颇会笼络人心，与这御医熟识，因此，御医顺口答道："当然是真龙天子。"全贵妃听罢大喜。

次日，全贵妃又特召御医入密室，对御医说道："我想让皇子早点降生，来日如能得继大统，我必重赏，你究竟有何办法。"御医答道："奴才并无妙法，只有从今日起服用奴才祖传的保胎速生药，皇子便可提前降生，只是……"全贵妃明白御医的意思，笑着连声说道："那就不是你的责任了，自然不必多虑。"

于是，从这日起，全贵妃每日遵医嘱服下保胎速生药物，到六月初九日，移住圆明园湛静斋的全贵妃终于生下了皇四子，道光帝赐名奕詝。因连丧三子，道光实际上是把奕詝视为皇长子，倍加喜爱。全贵妃也母以子贵，被晋封为皇贵妃。孝慎皇后去世后，于道光十四年被立为皇后，就是孝全皇后。

6天后，祥贵人也生下了一个男婴，是为皇五子奕誴，果然不出全贵妃所料，奕誴降生后，道光帝虽然也很高兴，但其兴奋程度与奕詝降生时已不可同日而语。

就这样，咸丰的母亲孝全皇后为儿子在皇位继统大战中赢了第一回合。

道光二十年，孝全皇后暴崩，临终前把10岁的爱子奕詝托给静贵

妃抚养。中宫没了皇后，道光帝也无意再立，静贵妃晋级为皇贵妃，代摄六宫事，虽无皇后名分，实同中宫主人。

静贵妃小于孝全皇后5岁，入宫较晚，初赐号静贵人。后晋封静嫔，道光七年晋静妃。道光十四年，全皇贵妃继立为皇后，静妃也跟着晋升一级，为静贵妃。静贵妃也很受道光皇帝的宠爱，育有一子，就是六皇子奕䜣。

道光皇帝对这奕詝和奕䜣格外喜爱，也很重视对他们的教育，分别为他们指定了老师，奕詝的老师是杜受田，奕䜣的老师是贾桢。两位皇子都很聪明，读书也都十分认真。

道光帝对两子的喜爱难分轩轾。道光帝曾赏给了奕詝"锐捷宝刀"，也赏给了奕䜣一把"白虹宝刀"，甚至对奕䜣的钟爱不亚于奕詝。在奕䜣上学之前，就预赐其书室匾额为"正谊书屋"。

奕䜣生而聪颖，为诸皇子之冠；奕詝年长，且为皇后所生，究竟选谁为储，道光帝一时之间犹豫不决。

道光皇帝晚年，最钟爱六皇子奕䜣，在大臣面前，几次流露要把皇位传给奕䜣。只是因为奕詝"四阿哥"居长，且在宫中素以"贤德"闻名，所以犹豫不决。奕詝老师杜受田窥探到道光的心意，万分焦虑，从自身利益考虑，必须全力帮助自己的学生。于是他苦思冥想，帮助四阿哥寻找补救办法。

一次，道光皇帝命各位皇子到南苑打猎，实际是试一试皇子们的武艺怎样。按清朝惯例，皇子读书时外出须向老师请假。杜受田沉思良久，向四阿哥耳语："阿哥到猎场中，只坐观他人骑射，自己千万不要发一枪一矢，并约束随从不得捕杀任何生灵。回来时，皇帝一定会问何故，

你可以回答：'时方春和，鸟兽孕育，不忍伤生，以干天和。且不想以弓马一技之长与诸兄弟争高低。'"

当天狩猎结束，六阿哥所获猎物最多，正在顾盼自喜之际，见四阿哥默坐，随从也垂手侍立，感到奇怪，就上前问道："诸兄弟皆满载而归，为何四哥一无所获？"四阿哥平静地回答："今天身体欠安，不能与诸兄弟驰逐猎场。"天色将晚，诸皇子携所获猎物复命。果然皇上询问缘故，奕诉就把杜受田教的话说了一遍。道光皇帝龙颜大悦，对身边的大臣说："这才是君主之度。"

平心而论，奕诉无论文韬武略，还是健康状况，都比不上奕䜣。道光皇帝直到死前仍对传位之事下不了决心。

后来，道光重病在床，自知无回天之术，临终前最后考察两位皇子的能力和气度，决定继承人。奕䜣的老师授计说："晋见时，皇上若在病榻上询问治国安邦大计，你应当知无不言，言无不尽。"杜受田则对奕诉说："你若陈条时政，论智力、口才根本比不上六爷，只有一策，皇上若自言病老，将不久于人世，你只管俯地流涕，以表孺慕之诚而已。"晋见时，皇上果然询问身后治国大事，六阿哥奕䜣无视皇上痛苦之状，口若悬河，大谈自己治国安邦的见解和抱负；四阿哥奕诉则一如师言，面对父皇的垂问，悲伤得涕流满面，以至于不能作答。道光皇帝在病榻上，仔细观察两人的言谈举止，被奕诉的举动所感染，对身边的大臣说："皇四子仁孝，可当大任。"第二天，道光皇帝驾崩，领班大臣宣读密谕："着皇四子奕诉即位。"四阿哥终于击败六阿哥，登基做了皇帝，年号"咸丰"。

不甘寂寞的后妃和公主们

男人的一半是女人，说完帝王，就不能不提后妃和公主。皇帝的后妃都是有品级的，这说明你不能简单地把她们看作皇帝的大老婆、小老婆，她们是政治生活中不能忽略的一环，皇宫不大，但掀起的风浪却会波及全国。清代的后妃总体来讲还是比较守规矩的，但既然被卷进了是非地，就注定成为是非人，或者无法寂寞，如孝庄皇后；或者不甘寂寞，如慈禧。她们以自己特有的方式，在历史上留下了自己的身影。

嫁到吴三桂家的大清公主

在金庸的《鹿鼎记》中，有一个颇有些武功，蛮横不讲理且有自虐情结的建宁公主。金庸先生给她安排的出路是，阉割了吴家世子吴应熊，成了小流氓鹿鼎公韦小宝的小老婆。但史实是，嫁到吴三桂家不假，并且最终保全了留在北京的吴家（吴应熊除外）。

恪纯长公主是清太宗皇太极第十四女，初封和硕公主，顺治十四年晋封为和硕长公主，顺治十六年封建宁长公主，后改为恪纯长公主。她的丈夫吴应熊是吴三桂之子。恪纯长公主是清皇家公主中唯一下嫁汉人的公主，因其婚姻带有浓重的政治色彩，因而注定她的生活难以风平浪静，时刻都会卷入政治的漩涡之中，最后以夫死子丧、独守空帷的悲惨结局终了一生，成为政治婚姻的牺牲品。

恪纯长公主，其母系皇太极庶妃奇垒氏。公主出生时，皇太极正亲临锦州前线，由于忙于战事，这位年已半百的父亲未能回盛京（今沈阳市）的宫城看一眼刚出世的小公主。当公主刚满周岁时，正是皇太极大破明军于锦州地区，降服明朝蓟辽总督洪承畴之时，所以皇太极似乎格外喜欢这位庶出的小公主，不久封为和硕公主。皇太极去世时，小公主只有 3 岁。

　　清军入关后，各地抗清斗争此起彼伏，清廷派刚刚归降的吴三桂前去西南。吴三桂是汉人，此番去西南，重兵坐镇，虽为平西王，听命朝廷，但恐生别念，因而孝庄皇太后欲将皇太极最小的女儿恪纯长公主许配给吴三桂之子吴应熊。一来可笼络吴三桂使其成为皇亲国戚，为清皇室效忠卖命。二来吴应熊身为额驸（清代对公主丈夫的称呼），将其邸留在京城，可以做个人质。即使吴三桂图谋不轨，也不能不考虑他儿子在京的安危。而吴三桂却另有打算，他愿意让儿子去得个额驸的头衔，攀上金枝玉叶，成为皇亲显贵，树立自己的威风。自己身为汉人，将来在外建功立业，难免招惹清廷的猜忌和满人的嫉恨，留着儿子在京做个人质，可以让清廷放心，以免时刻限制自己扩展势力。同时自己此番前往西南，不知何时回京，西南距京路途遥远，消息闭塞，难以掌握朝廷动向，儿子在京城可以为自己时刻传递消息，以便了解朝中大事和清廷对自己的态度。因而他同意将儿子吴应熊留在京城，自己率军前往四川，一桩政治婚姻因此而定。

　　顺治十年八月，孝庄皇太后主婚，恪纯长公主下嫁吴应熊。恪纯长公主心中十分不情愿，自太祖以来，还未曾有过公主下嫁汉人的先例，怎么偏要将她嫁与汉人？虽然皇兄顺治帝重用汉人，渐习汉俗，朝中也有像范文程、洪承畴这样位居高官的重臣，但事实上汉人地位远不如满蒙贵族，自己是皇家公主，以金身玉体怎能去匹吴应熊呢？然而孝庄皇太后的旨意她是不能违抗的。在封建社会里，妇女一直是受歧视、受压迫的，她们只能向往爱情而没有选择爱人的权利，必须依父母之命，听媒妁之言，即使贵为皇家公主也不例外。

　　尽管此时她还不懂自己下嫁吴应熊是清王朝笼络和收买吴三桂的手

段，尽管她还不知道这桩婚姻的政治目的和吴应熊的处境，尽管她无法预知自己的未来，但事实上，这位带着希望和梦想的年仅12岁的公主已经被卷入了政治漩涡，以后的命运已经和拥有重兵、坐镇云南、野心勃勃的吴三桂紧紧地拴在一起。

婚后第二年公主生了个儿子，取名吴世霖。自儿子出生后，夫妻二人日渐和睦，公主被吴应熊这个汉族额驸调教得日习汉俗，对汉文诗书也颇精通，而且与这位额驸过着夫唱妇随的生活。恪纯长公主与吴应熊深谢皇恩，一家人平安无事，其乐融融。

吴三桂自被封平西王镇守云南后，很少回京，但儿子吴应熊每隔几天就派人捎书信到云南，因此，京城的大小事情他无所不知。吴三桂非常清楚自己拥兵在外，清王朝是不会安心放任他这个汉族平西王的，所以他也时常派人与吴应熊联络，打探各种消息。

后来吴三桂发动叛乱，为平叛三藩，不留祸根，康熙下令捉拿了吴应熊父子。恪纯长公主在丈夫、儿子被绑走后，悲痛欲绝，一病不起。康熙十三年，吴应熊父子被推出午门斩首，这一年公主年仅33岁。

自从吴应熊父子被杀以后，只有恪纯长公主独守额驸府。本来出入的人就很少，现在显得更加冷清。恪纯长公主不愿再见任何人，就连元旦、冬至、万寿这三大庆典她也称病不去，只是偶尔去拜见孝庄太皇太后。丧夫丧子的痛苦使她苍老了许多，心也老了许多，再也不想与别人争什么。公主不相信康熙帝所说的吴应熊与吴三桂谋逆，直到清廷平定了三藩，从吴三桂五华山居处搜出了大量的吴应熊与吴三桂的书信，才认清了吴应熊的真正身份，才看清了吴应熊的嘴脸。她不得不承认自己对吴应熊的行径根本没有察觉，她感到被欺骗和被愚弄了20多年。恪

纯长公主羞愤交加，又一次病倒。当公主病倒的消息传到宫内后，康熙亲自到额驸府中探望和安慰公主，并下诏："公主为叛寇所累。"自此后，康熙帝常到府中慰藉公主，此后恪纯长公主经常出入皇宫，姑侄二人还常常一起谈论诗书。

康熙四十三年十二月，恪纯长公主刚过完 63 岁寿辰，这位饱受政治婚姻之苦，独守空帏 30 年的公主终于度完了余生。

红颜薄命的孝贤皇后

自古红颜多薄命，不仅是平民女子，也不仅是林黛玉那样的官宦女子，孝贤皇后虽然既赢得了皇后的地位，又赢得了皇帝的爱情，也没能逃脱这个宿命。

乾隆皇帝的皇后富察氏，生于康熙五十一年（公元 1712 年）二月二十二日，满洲镶黄旗人，是典型的名门闺秀。其祖父米思翰，在康熙皇帝时深受倚重，官至户部尚书，列议政大臣，参与机密。康熙初年，米思翰与兵部尚书明珠一起，力主撤三藩，最终剪除了大清帝国的心腹之患。米思翰第四子李荣保官至察哈尔总管，富察氏为其爱女，从小即受到良好的教育，学习诗书，深谙古今贤德女子的嘉言懿行，小小年纪，在当时旗人贵族女子中即已颇著贤声。

雍正五年（公元 1727 年），弘历 16 岁，雍正开始考虑儿子的终身大事。在众多亲贵们的女儿中仔细观察、左挑右选后，雍正最终看中了富察氏。

这年七月十八日，16 岁的弘历与富察氏举行了婚礼。新婚之后，夫妻恩爱，伉俪情深。第二年（1728 年）十月，富察氏为弘历生下一个漂亮的女儿，然而，仅过两年，此女就不幸夭折。雍正八年（公元

1730年），富察氏生下儿子永琏。永琏是个长相俊秀，天赋极高的孩子，弘历夫妻对他异常宠爱，雍正皇帝对这个孩子也十分疼爱。次年，富察氏又为弘历生下一个千金，这就是固伦和敬公主，15年后，下嫁给蒙古科尔沁和硕亲王色布腾巴尔珠尔，成为清代满蒙联姻政策的实践者。弘历与富察氏，这对年轻的小夫妻，有了一对活泼可爱的小儿女，其兴奋、满足之情可想而知。

乾隆登基后，富察氏被立为皇后。从此，富察氏以身作则，崇尚节俭，尽心尽力地辅佐皇帝、管理后宫。有一次，乾隆身上长了个重疖，富察氏忧心如焚，亲进汤药，当乾隆病好后，太医说："皇上必须休养百日，元气才能恢复。"富察氏听后，就搬到乾隆寝宫外面一个小房间居住，亲自照顾其起居。100天后，乾隆身体康复如旧，富察氏却消瘦了许多。这个时期的清朝宫廷充满了温馨与和谐，乾隆没有内顾之忧，一心一意地治理国家，整饬吏治，革除弊端，施恩于百姓。

然而命运似乎故意与这对恩爱夫妻作对。乾隆三年（公元1738年）十月十二日，他们视若心肝的儿子、年仅9岁的永琏竟然突患寒疾，当即死亡。这对乾隆和富察氏都是极其沉重的打击。这场灾难最大的受害者是皇后富察氏，得知这个噩耗，悲痛欲绝。多少次，她在梦中怀抱娇儿，醒来却是两手空空，唯有以泪洗面。第二天，当她去见皇太后、乾隆的时候，还不得不强装笑脸，她不愿自己失子的哀伤过多地影响母亲和丈夫的情绪，就这样，一晃过了七八年。

乾隆十年（公元1745年）夏，富察氏又有了身孕。这对于富察氏来说真是天大的喜事，抚摸着腹中的婴儿，她由衷地感到幸福。第二年，富察氏生下了一个健壮的男婴。孩子生期恰是佛祖诞生之日，上天作美，

又降喜雨浇灌万方，乾隆夫妇视为吉兆，欣喜异常，就连群臣以及妃嫔也喜笑颜开，竞相庆贺。乾隆绞尽脑汁，为孩子取名永琮，并已在内心将其立为太子。

然而命运实在太不公平，当永琮刚满 1 岁零 8 个月的时候，在大年三十竟因出痘不治而亡。这次打击把富察氏彻底摧垮了。生活对于她来说简直就是一场噩梦、一场灾难。8 年之中，两丧爱子，前后所生 4 个孩子，竟有 3 个夭亡，对任何一个母亲来说都是难以承受的打击。她实在太痛苦了，痛苦得以至于没有了眼泪，她实在太伤心了，伤心得以至于感觉不到生活的乐趣。

看着皇后急剧衰弱的身子，一种不祥之感在乾隆心中陡然产生。为了减轻皇后丧子的哀伤，乾隆十三年（公元 1748 年），乾隆带着皇太后、皇后等人一同启銮东巡。巡幸中，皇后显得兴致勃勃，时而到太后处问安侍膳，时而与皇帝低语闲谈，脸上的愁云也比在京师时少了许多。其实，富察氏的兴奋与兴趣不过是为了不让乾隆以及太后失望，她内心的忧伤依然如故，而且与日俱增。当她路过乡村城镇，看到平民家的孩子活蹦乱跳地玩耍便心如刀绞。山东的暮春，乍晴乍雨，冷暖不定。习惯于北方寒冷、干燥气候的富察氏在济南开始感到不适，太医诊断为寒疾，乾隆闻讯，立即下令推迟回銮，以便她在济南休息几天。然而，富察氏不愿因为自己而导致众人长时间滞留外地，不愿太后为自己的健康过分操心。因此，当病情略有减轻，富察氏就强打精神，对乾隆说可以启程回京。

富察氏的身体实在太虚弱了，过度的悲伤，旅途的劳累使她根本无法抵御疾病的侵袭。四月八日，富察氏的病情突然恶化，惊慌失措的乾

隆令将其火速抬上御舟，并调集良医会诊。这个时候，随驾的诸王、大臣也得到消息，纷纷前来问安。然而，为时已晚，病入膏肓的富察氏早已奄奄一息，到半夜时分竟溘然长逝，和永琮去世的时间仅相隔 3 个月。

在富察氏去世后的相当长的一段时间，乾隆完全沉浸在巨大的悲痛之中。为了寄托自己的哀思，乾隆将富察氏为自己制作的衣服、荷包均一一收藏，令子孙后代，世世相传，并为其定谥号为"孝贤"。

皇宫里的异类和孝公主

看过《还珠格格》这部电视剧的人，对那个天真烂漫、漂亮又带点假小子气的小燕子印象深刻，因其戏说的成分颇多，观众恐也未把它当真事来看。但历史上乾隆皇帝真的有这样一位和小燕子性格相似，且喜欢女扮男装的公主，她就是和孝公主。

乾隆皇帝被世人称为风流天子，他一生妃嫔众多，这些妃嫔曾为他生育17位皇子、10位公主。其中最末一位公主即十公主，是乾隆最宠爱的一个女儿。

十公主生于乾隆四十年正月，这时的乾隆皇帝已65岁。公主生母为乾隆的惇妃汪氏。汪氏为教统四格之女，18岁时被选入宫，封为永常在，乾隆三十三年进为永贵人，三十六年十一月十日封为惇嫔，三十九年十一月进为惇妃，次年正月初三惇妃生下了乾隆最小的女儿——十公主。乾隆老年得女，对十公主异常宠爱，视若掌上明珠。在十公主1周岁生日那天，乾隆皇帝特赏赐给她汉玉撇口钟、汉玉娃娃戏狮、青玉匙、红白玛瑙仙鹤、油柏圆盘玉扇器等一大批玩器。

乾隆皇帝疼爱十公主，还有另外的原因，据乾隆年间的礼亲王昭梿所著的《啸亭续录》记载，乾隆喜欢十公主，是因为十公主"其貌类己"，长得与乾隆皇帝很相似，同时还因十公主自幼性格刚毅，有坚强的意志，

这一点更像乾隆皇帝，因而乾隆对十公主宠爱有加，恨不得将十公主扶上皇位，来继承他的事业。据该书中讲，十公主在 12 岁时，乾隆帝曾对她说："汝若为皇子，朕必立汝储也。"

少年时的十公主在乾隆帝的宠爱与庇护下，在生母惇妃的精心教养下健康成长，十二三岁的女孩子已长得亭亭玉立、楚楚动人了。而且，十公主体格健壮，臂力过人，"能弯十力弓"，尤其喜欢骑马射箭、玩弄刀枪剑戟等器械。

乾隆皇帝宠爱十公主，那么对于十额驸的选择也是非常慎重的。乾隆四十五年，十公主年方 5 岁，乾隆就将她指配给自己的宠臣、当时权势最大的户部尚书、御前大臣、军机大臣、大学士和珅年仅 10 岁的独生儿子丰绅殷德为妻。

乾隆五十二年，十公主被破格晋为固伦和孝公主。按清朝体制，皇后所生之女才能封为"固伦公主"。"固伦"满语即"国家"的意思，品级相当于亲王。妃嫔所生之女封"和硕公主"。"和硕"满语即"旗"的意思，品级相当于郡王。十公主既非皇后所生，又非皇贵妃所生，只是由于受到乾隆皇帝的特殊宠爱，才按皇后之女的规格加封。十公主的品级确定之后，开始议定额驸品级，由礼部奏请乾隆钦定，封丰绅殷德为固伦额驸，品级与固山贝子相同，并赏给丰绅殷德金镶松石如意一柄。

十公主被乾隆帝破格加封之后，从是年三月二十六日起，开始准备下嫁。乾隆赏给她伽南香念珠一盘、汉玉扇器四件、镶松石如意一柄等一批珠宝绸缎。又赐给她田宅、建立公主府等，并举行了册封公主的隆重仪式。按照清制，册封公主要给金册和一定数量的金钱。册封公主的金册共 4 页，每页用 6 成金 4 成银，重 4 两六钱 2 分 5 厘；金钱每个也是 6 成金，共重 1 两 5 钱。公主的册文由翰林院撰拟，金钱两面各镌满

汉文字"富贵吉祥"字样。

乾隆五十四年,十公主15岁,乾隆决定在这年十一月二十七为她完婚。在这之前礼部已根据十公主的品级,通知各有关衙门备办陪嫁所用的妆奁衣服、金银首饰、绸缎布匹、马驼、帐房、女子、人口、庄头、器皿和箱柜等人员与物品,并在下嫁的前一天将十公主的陪嫁妆奁物品,选派两名年命相合的内管领之妻押送到公主府,并负责铺放停当。

十公主下嫁这天,乾隆皇帝在保和殿和长春宫分别举行筵宴,宴请文武百官和王公大臣的女眷。十公主在离宫之前,先到皇帝以及生母惇妃面前行拜别礼,然后等待出嫁。额驸府第修建得十分壮观气派,充满了喜庆的气氛,贺喜人也络绎不绝。

十公主下嫁后,同丰绅殷德情投意合,夫妻俩互敬互爱、情意深重。但是,十公主婚后没有完全陷入夫妻间卿卿我我之中,没有被婚后的甜蜜所陶醉,她由于受乾隆的教育与影响,对社稷的安危、国家的兴乱很关心,对额驸要求很严格,希望他成为国家的栋梁之材。

嘉庆四年,嘉庆皇帝下令锁拿和珅及其党羽下狱。由于公主求情,嘉庆皇帝没有夺丰绅殷德爵位,让其"留袭伯爵"。和珅的妻妾家眷,也因十公主竭力为之求情,才得以保全。

和珅被籍没之后,十公主由于嘉庆皇帝多方照顾仍然过着荣华富贵的生活,同额驸朝夕相处,恩恩爱爱。

额驸丰绅殷德35岁之后患了严重的哮喘病,嘉庆十五年,他解任回家养病,不到半年就病死了,享年39岁。之后,十公主独自一人主持家政10余年,内外严肃,治家有方,并得到了嘉庆、道光两位皇帝周到的照顾。

道光三年九月,十公主因病去世,享年49岁。

肆

被皇室光环套牢了的王爷们

曾国藩费尽九牛二虎之力，把差点儿颠覆了大清王朝的太平天国镇压下去，才不过得了一个一等侯的封爵，离着王爷的级别还远着呢。所以，王爷就好比拱卫在皇帝这个太阳身边的一颗颗星星，地位无比尊贵。但是也正因为离皇帝太近，稍不留神就被那个"太阳"的巨大引力吸进去，落得个尸骨无存。

不是王中王就是阶下囚

一个皇帝倒下了，会有一个新的皇帝站出来，这时候，有资格争位的王爷们是幸运的，一旦脱颖而出就可以拥有一切；但有资格争位的王爷们又是不幸的，因为一旦竞争失利，恐怕连现在的王爵也保不住而沦为阶下囚。

豪格作为大清朝开国皇帝皇太极的长子，他理应成为帝位继承人；作为顺治皇帝的长兄，他本可安享尊荣。然而他在放弃继承皇位之后，得到的却是惨遭幽禁的厄运……

顺治三年初（公元 1646 年），豪格被任命为靖远大将军，统军入川，讨伐张献忠。十一月二十六日，清军抵达距西充不到百里的南部县。驻守保宁（今阆中）的大西军将领刘进忠降清，于是在降将的带领下，豪格率部日夜兼程，直奔张献忠 60 万军队的营地——西充凤凰山。翌日清晨大雾弥漫，咫尺之隔，只闻其声，不见其人。当清军悄然逼近营门时，张献忠才知大事不好，未及披甲，仅腰插三矢即仓促上阵。在刘进忠的指点下，豪格一箭射去，半披飞龙蟒袍的大西皇帝应声而倒。

豪格挥军南下，翌年八月平定全川，旋即兵进遵义，风驰电掣般地扫荡着西南边陲。从此豪格声名远播，名扬四海。顺治五年（公元

1648 年）一月二十七日，豪格自遵义胜利回京。然而，等待他的不是皇恩浩荡，而是一个策划已久的阴谋。

顺治五年（公元 1648 年）二月十三日，豪格部将希尔艮、阿尔津彼此"争功不决，下部讯问"。在入川作战时，护军统领哈宁噶曾陷入重围，护军统领阿尔津、苏拜以及希尔艮均奉命救援，几人都认为自己率军先到，对方后至。阿尔津、苏拜倚仗多尔衮撑腰，把争功的事一直闹到京城。"下部讯问"后，"护军统领噶达浑、车尔布俱供：希尔艮在后是实"，希尔艮遂被降爵，至此希尔艮争功事即应了结。但多尔衮却利用这起争功案把矛头指向豪格，便以"军中不将希尔艮冒争情由勘实"而罪及多罗贝勒尼堪（努尔哈赤之孙）、固山贝勒满达海（代善之子）及护军统领鳌拜等高级将领 8 人。又以"固山额真觉罗巴哈纳、议政大臣索浑既不将希尔艮争功缘由勘实；肃王欲升杨善之弟机赛为护军统领，又不劝止"为由，而将巴哈纳、索浑降爵。显而易见，希尔艮争功案不过是多尔衮手中的一块石头，抛出这块石头只是一个信号。

此后 20 天，又经过一番紧锣密鼓的准备，贝子吞齐、尚善、吞齐喀、公札喀喇、富喇塔、努赛等赤膊上阵，大打出手，讦告郑亲王济尔哈朗"当两旗大臣，谋立肃王为君，以上（指顺治帝）为太子"，迁都北京时，将原定后行之正蓝旗在镶白旗前行，致令肃王福晋在豫王福晋以及英王福晋之前行；将"原定后行之镶蓝旗近上立营，同上前行"。因涉及当年"谋立肃王"事，故郑亲王以及两黄旗大臣均被系公堂"齐集质讯"，规模之大，堪称空前。

"谋立肃王"的旧账，又被提起。紧接着吞齐等告发图尔格、索尼、图赖、锡翰、巩阿岱、鳌拜、谭泰、塔瞻，在皇太极死后"往肃王家中，

言欲立肃王为君"，"私相计议"，"互相徇庇"，频频出入肃王府第，"期隐不奏"。

济尔哈朗以及两黄旗大臣欲立肃王为君，是在诸王册立新君之前。在仍然保留军事民主制残余的开国时期，推举继承人本来就是天经地义之事。在当时不仅两黄旗大臣积极参与此事，就是多尔衮所左右的两白旗大臣也多次密谋，商议拥立多尔衮为君。即使到了顺治二年（公元1645年）底，多尔衮还洋洋自得地跟诸王、贝勒以及满汉大臣谈起当年被拥戴的情况。这次旧事重提，只不过是多尔衮为打击豪格而借题发挥。

审讯结果，不言自明。郑亲王济尔哈朗被革掉亲王爵位，罚银5000两；两黄旗大臣凡参与拥立豪格者（只有早已倒戈的巩阿岱、谭泰除外）均受到严厉制裁，或被革职，或被夺爵，或被发配沈阳看守昭陵（皇太极陵寝），就连已故的图赖、图尔格亦被革世职。

两天后，豪格也被推上牺牲的祭坛。三月初六，在多尔衮的一手策划下，诸王、贝勒、贝子、大臣会议，以"豪格出征四川已及二载，地方全未平定"，隐瞒希尔艮冒功一事以及欲升杨善之弟机赛为护军统领等所谓罪名，而将豪格判处死刑。年仅11岁的顺治帝对"如此处分，诚为不忍"，议政大臣会议在征得多尔衮同意后才将死刑改为幽禁。豪格从四川凯旋仅一个月就遭此厄运，这一切都在多尔衮的精心策划之中。

被幽禁的豪格心情极度抑郁，忧虑、痛苦、愤怒一齐袭来，一腔热血都在往上涌，头像被撕裂一般。谁也不清楚这位阶下囚究竟在哪一天、哪一个时辰愤然辞世的，人们只知道他在被幽禁后一个月左右即死去，终年40岁。

英年早逝的豫亲王

多铎是清太祖努尔哈赤第十五子，生于明万历四十二年（公元1614年），与阿济格、多尔衮同为大妃乌喇纳喇氏阿巴亥所生，备受父亲钟爱。努尔哈赤去世时，参与了议皇太极为汗的国家大计。皇太极即位，多铎成为正白旗贝勒，就此开始了他的戎马生涯。

后金天聪二年（公元1628年），14岁的多铎随皇太极远征蒙古多罗特部。这是他第一次披甲上阵，尽管只有14岁，但是他在战场上十分勇猛，后金大获全胜，次年，多铎又随莽古尔泰攻打明朝，15岁的他在战场上奋力杀敌，势若猛虎，一再击败明军。

后金天聪九年（公元1635年），为配合多尔衮招抚察哈尔林丹汗之子额哲及往略山西明境，多铎奉旨率精兵强将袭扰宁远、锦州，以牵制明军行动，使其不能前往救援。这是他首次亲自领兵出征。他率兵入明广宁界后，令固山额真阿山、石延柱等领400士兵先赴锦州，自率大军随后趋十三站立营，以吸引明军来战。锦州总兵祖大寿集中锦州、松山两处兵，在大凌河西岸列阵以对。多铎率所部迅速驰击，其势锐不可当。祖大寿军战败溃逃，多铎令分道追击，阵斩明将刘应选，歼敌500，生擒游击曹得功及守备3员，获马匹、甲胄无数。锦州明军见势未敢再出。

班师回京时，皇太极亲出盛京怀远门 5 里迎劳，称赞多铎："幼弟初专阃外，能出奇取胜，是可喜也。"后金天聪十年（公元 1636 年）四月，皇太极改元"崇德"，建国号"大清"，晋封多铎为和硕豫亲王。

崇德八年（公元 1643 年）八月初九，皇太极猝然去世，诸王会议选定嗣君。此时的多铎十分活跃，他先是提议胞兄多尔衮即帝位，遭到反对，又提出应当由自己即位，声称当初在太祖的遗诏里，提有他的名字。被多尔衮制止后，又转而主张立礼亲王代善，唯独不提最有资格当继大统的皇长子豪格。在多尔衮与豪格两派争立中，多铎与多尔衮联成一气，左右大局，最后议定皇九子福临即位，多尔衮与济尔哈朗辅政。不久，多尔衮排挤政敌，独揽大权，积极支持多尔衮为君的多铎获得了顺利发展的机会，他进一步施展自己的才能，成为明清两代兴亡交替过程中的风云人物。

顺治元年（公元 1643 年）四月，顺治皇帝在盛京大政殿授予多尔衮大将军印，令他率兵进取中原，以成皇太极未竟之业。十月初一日，顺治入京并在北京紫禁城内举行登基大典，复封多铎为和硕豫亲王。不久又命他为定国大将军，统帅将士进兵南京，消灭南明弘光政权和李自成的大顺军余部，攻取东南之地。

多铎于十一月中旬到达山东济宁，十二月兵至河南孟津，然后率精兵渡过黄河，一路打击大顺军，很快打到潼关城下。李自成率军从西安赶往潼关增援，双方交战，大顺军失利。第二年正月十一，多铎指挥清兵发起总攻，先以红衣大炮轰击城垣，再以马步兵轮番冲击，大顺军被迫出击，派 300 骑兵杀入清军阵地，被多铎部下贝勒尼堪、贝子尚善击败，大顺军又分兵袭击清军阵后，也未成功。李自成见败局已定，退守西安自保，多铎兵攻克潼关。此时，武英郡王阿济格一路大军也从陕北南下，将抵西安，李自成腹背受敌，放弃西安向河南转移。多铎则回师东征，按原计划进攻南京，完成平定江南的任务。他分兵三路，出虎牢关攻克归德，横扫河南大半地区，然后又分兵两路，向南推进，一路向砀山、徐州，另一路直奔安徽亳州，又进入江苏，攻破盱眙，逼进淮安和泗州。南明将领烧毁淮河桥，企图阻止清军南进，多铎率军夜渡淮河，兵临扬州城下。南明大学士史可法拒绝多铎的招降，决心与扬州城共存亡。四月二十五日，多铎调红衣大炮轰城，炸毁扬州城西北角，清军如洪水般冲入城内，史可法率守军拼死相战，被擒不降，最后被杀身亡，其他文武官员有100多人殉难。

攻克扬州后，多铎率军继续南进，于五月五日到达长江北岸，与南京弘光政权隔江相望。守江的南明将领畏势东逃，长江防线尽撤，弘光帝与宦官40余人弃南京仓皇出走，投奔安徽太平府黄得功，守城明军望风而逃，南京不战而克。南明文武官员数百人跪迎清军入城，多铎则遍谕各处，抚辑官民，斥责南明朝廷主昏臣奸，宣称此次平定东南即是"奉天伐罪，救民水火"。几天后，多铎又派贝勒尼堪等领兵追击弘光帝。弘光帝复走芜湖，准备渡江西逃，被清军截住去路，南明靖国公黄得功护驾迎战，被清军击败。总兵田雄、马得功见大势已去，抓住弘光帝及妃子、太子并率十总兵部众投降。南明弘光政权终被消灭。六月，多铎派贝勒博洛，固山额真拜尹图、阿山率官兵直趋杭州招抚浙省，打败南明大学士马士英。明潞王朱常淓势穷归顺，开城门投降，淮王朱常清也自绍兴来降。数日后，浙西湖州、嘉兴，浙东绍兴、宁波、严州各府皆为清军控制。多铎将南京改为江南省，凡紧要图籍收藏无失，又疏请授任江宁、安庆巡抚以下官员 300 多人，建置了地方统治体系。在军事上，令已降马兵留本地驻守，归降之蒙古兵分隶旗下，同时，派驻八旗兵把守各重镇，以保证对江南地区的有效控制和治理，并随时准备南下扫荡各地抗清武装和残明势力。顺治二年（公元 1645 年）四月，清廷以多罗贝勒勒克德浑、固山额真叶臣代多铎驻守江南，多铎才胜利回京。

十月，多铎胜利回京时，顺治皇帝亲出正阳门到南苑附近迎接慰问。几天后，顺治帝以其"功勋甚多"晋封多铎为和硕德豫亲王，赐黑貂皮朝褂、鞍马及金 5000 两，银 5 万两。

正当多铎英姿勃发，踌躇满志之时，顺治六年三月十八日，他因患痘症不愈，英年早逝，年仅 36 岁。

开国功臣死于三尺白绫

庄亲王得以善终，而不得善终的人就是不懂得该低头时须低头这样一个无比简单的道理的人。如果头高过门框上限，要想进门办法只有两个，要么低头，要么杀头。开国功臣也好，郡王亲王也罢，皇帝要想解决他，只需三尺白绫足矣。

阿济格是努尔哈赤的第十二子，明万历三十三年（公元 1605 年）生于建州左卫的赫图阿拉城，母亲是大妃乌拉纳喇氏阿巴亥，是多尔衮和多铎的同母哥哥。

阿济格十几岁就参加实战，成为父亲麾下一名战将。后金天命六年（公元 1621 年），努尔哈赤进兵辽沈与明军作战，阿济格随侍父亲左右，为其传布军令，在战斗中表现得十分机智、勇敢。后金天命十年，为增援被察哈尔部围攻的蒙古科尔沁部落，阿济格随兄长莽古尔泰征讨察哈尔，迫使察哈尔部林丹汗逃遁。第二年六月又随父亲进攻蒙古喀尔喀马林部，他亲率 6 名箭卒，直入酋长囊努克牧所。蒙古台吉昂坤劝他等待援兵，阿济格面无惧色地说："尔来劝我，尔为何不前进"，命令昂坤与之同进，射杀敌将，击败巴林部兵。阿济格因功受封贝勒，专主一旗，地位仅次于四大贝勒。后金天聪元年（公元 1627 年）正月，皇太极乘

与明朝议和之机，派阿敏、岳托、阿济格等八大臣率重兵进攻与明朝结好的朝鲜，并袭击驻于皮岛的明将毛文龙。后金军夜袭朝鲜义州，乘势连克5座城池，攻占了平壤，迫使朝鲜国王李倧屈服求和。按皇太极的意图，此时应允和退兵。但领兵主帅阿敏心怀异志，打算留居朝鲜，主张深入内地。阿济格积极支持岳托"朝廷重兵不可久留于外"的主张，力谏阿敏，使之同意遣使议和，实现了此次出兵的目的后如期而归。另外，在大军袭击义州之际，阿济格等还分兵攻打毛文龙部所驻的铁山，迫使他们遁入海岛，在很大程度上解除了其对后金的军事袭扰。五月，皇太极统兵攻明，阿济格从朝鲜归来，又立刻赶赴锦州参战。此时，后金军攻打锦州城14天未下，已移兵宁远，明将袁崇焕坐镇此城，指挥明兵出城迎战。在城东2里排列枪炮，严阵以待，使后金骑兵无法纵击。于是，皇太极下令强攻，诸贝勒以距城太近易遭火器射击为由"劝阻甚力"，唯阿济格一人不附众议，建言出击，并紧跟皇太极驰马杀入明军阵中，冒死突击，击败其前阵骑兵。在后观望的诸贝勒见此情景甚为惭愧，顾不得穿戴甲胄，即纵马杀向明步军营。明将满桂身中数箭，率兵撤入城内。这一战虽双方伤亡相等，但对后金军来说，是从上年宁远之败以后，由败转胜的开始。阿济格因此而获得骁勇敢战的赞誉。

顺治在北京举行登基大典后，册封百官，阿济格被封为和硕亲王。不久，他被任靖远大将军，与多铎兵分两路进军陕西，攻打李自成农民军。次年正月，自山西保德渡过黄河进入陕西北部绥德。此时多铎一路军已先行到达潼关，李自成亲率大军与多铎交战，大将高一功据守陕北重镇榆林，试图吸引阿济格往攻，阻止其南下与多铎军合兵。阿济格正确分析了战情，确定了主攻方向，率主力绕开榆林，直逼农民军的心脏

地区西安，以堵住李自成的归路。李自成在潼关被多铎军击败，欲退保西安，听说阿济格军将至，不敢再战，被迫放弃西安，由陕南向河南、湖广地区转移撤退。阿济格率军南下迅速追击，先后在河南邓州市，湖北承关、德安、武昌、富池口、桑家口等地，连续 8 次击败大顺军。四月，又于距九江四十里处突入大顺军老营，俘杀其大批将士及家属。李自成从西安撤离时，原想攻取南京，作为抗清基地。阿济格摸清了李自成的战略意图，水陆并进，对其超前拦击，打乱了李自成的部署，使其夺取东南的打算无法实现，不得已转向西南，准备穿过江西转入湖南。当年五月，李自成在湖北通山县九宫山遭当地地主武装伏击而死。自追击李自成以来，阿济格败敌 13 战，获马 6400 余匹，船 3000 多艘，可谓"运筹决胜，茂著勋庸"。六月，他又率军由长江东进，于扬子江降服明宁南候左良玉之子左梦庚，收其兵马 10 万。至此，河南 12 城，湖广 39 城，陕西 6 城，江西 6 城，共计 63 城，皆为阿济格所得。阿济格南征北战，可谓劳苦功高。那么，他的结局是怎样呢？

　　顺治七年十二月，多尔衮病故。由于其摄政期间擅权过甚，排除异己，朝中大臣大多不平。就连顺治皇帝也十分不满多尔衮的作为。在他死后，诸大臣明白顺治的心意，众议多尔衮之罪。他的亲信也遭到惩治，阿济格由于是多尔衮的亲兄，被众大臣议定谋乱罪，顺治帝命其自尽。驰骋疆场，以英勇著称的开国功臣死于三尺白绫中，了结了自己的一生，死时年仅 45 岁。

又一个因天花而逝的铁帽王

天花这种当时要人命的病似乎与清朝皇室人员都有着不解之缘，以至于后来选择继承人也要先看他出过痘没有。是啊，顺治、同治还有这位铁帽子王都死在天花上，能不让人谈"花"色变吗？

爱新觉罗·岳托（公元 1599~1639 年）是礼烈亲王代善的长子。岳托能征善战，早年跟随玛父（满语，爷爷）努尔哈赤、阿玛（满语，父亲）代善征战四方，立下了不少战功。岳托作战勇敢，有勇有谋，被老汗王努尔哈赤授予台吉（意思是聪明的皇子）的称号，努尔哈赤十分喜欢这个孙子。

后金天命六年（1621 年），努尔哈赤率军攻打奉集堡返回时，受到明朝人马的突袭。努尔哈赤派岳托出战，抵挡明朝军队的进攻。岳托作战勇敢，顽强御敌，率大军打退了明军的进攻。随后，努尔哈赤攻打沈阳，总兵李秉诚见后金军来势汹汹，随即仓皇逃跑，岳托率军穷追不舍，明军大败。

后金天命八年（1623 年），岳托奉努尔哈赤之命，与阿巴泰率军征讨昂安部，英勇杀敌，将昂安斩首，立了大功。

后金天命十一年（1626 年），努尔哈赤在距沈阳 40 里的云爱鸡堡

与世长辞。诸王贝勒根据努尔哈赤在天命七年制定的共治国政的汗谕，共同商议由谁做新的汗王。当时他的阿玛礼亲王代善也有继承汗位的可能。

当时岳托是镶红旗额真（满语，旗主），代善掌管正红旗。代善是努尔哈赤的次子，而且功勋卓著，手握重兵，势力最大；另一个有希望继承大位的是四贝勒皇太极。皇太极是努尔哈赤的第八子，他机智过人，拥有正白旗，长年随父努尔哈赤征战，军功累累。

老汗王崩逝的当天，岳托认为四贝勒皇太极在四大贝勒中聪慧过人，长于谋略，智勇双全，汗位应该由皇太极来继承。他对代善说："国不可一日无君，宜早定大计。四贝勒（皇太极）才德冠世，深契先帝圣心，众皆悦服，应速即大位。"代善听了岳托的这个建议，知道皇太极论才干、论抱负都是一个不错的人选，他说："此吾夙心也。汝等之言，天人允协，其谁不从！"岳托见和阿玛代善意见取得了一致，也就放下心来了。其实岳托也是为大局着想。试分析，假如代善被拥立而得到汗位，那么，岳托也会得到皇太子的名分，有可能成为后金汗国的又一继承人。因为岳托是代善的长子，又功勋卓著，如果代善做了汗位，没有理由不先考虑长子，而去考虑其他的儿子。另外，岳托年纪尚轻，如果精心培养，谁也不能否认他的光明前途。岳托完全可以支持自己的阿玛，但他从当时的政局出发，考虑到后金军队汗王崩逝、军心不稳，如果再出现家族中手足争位就很危险了，那样的话，不用明朝派兵来攻，自己就互攻而灭了。从这一点可以看出，岳托和他的阿玛代善一样，没有私心，顾全大局，为了后金的江山社稷甘愿鞠躬尽瘁。

次日，诸贝勒大臣聚于崇政殿，共同讨论新汗王的事，代善首先说道："四贝勒智勇胜于我，须代立。"随后，代善向各位贝勒及大臣陈述了立皇太极的理由。几位贝勒看代善支持立皇太极，主动让贤，为避免手足之争，也都赞同立皇太极。后金天命十一年（1626年）九月初一日，皇太极即位为后金汗国新的大汗，改年号天聪，定次年为天聪元年。

后金天命十一年（1626年）十月，新汗王皇太极派岳托随阿玛代善率军攻打扎鲁特部。岳托作战英勇，力斩扎鲁特部的鄂尔斋图，收降了前来归降的部众。为了表彰岳托的功绩，皇太极晋封岳托为贝勒。

后金天聪元年（公元1627年）正月初八日，岳托奉天聪汗皇太极之命，同济尔哈朗、阿敏、阿济格等众叔父出征朝鲜。皇太极对济尔哈朗曰："朝鲜屡世获罪我国，理宜声讨，照此非专伐朝鲜也。明毛文龙近彼海岛，倚恃披猖，纳我叛民，胡整旅徂征，尔等两图之。"济尔哈朗听了皇太极的策略后，统率大军渡过鸭绿江，岳托协助作战，占领了义州。随后，岳托又随叔父阿敏等率军进攻驻守在铁山的毛文龙大军，迫使守将毛文龙退守皮岛，铁山守将毛有俊等被杀，又连续攻克了定州、汉山两座城池，最后大军直杀到平壤城下。朝鲜国王李倧得知消息后马上派人向后金议和。贝勒阿敏主张继续攻打，岳托却不赞成。他说："我们既与朝鲜定盟，又统率朝廷重兵，不可长居于外。况蒙古与明朝是我们的宿敌，如果知道我主力在朝鲜，也许会趁此时机袭击我军，那形势就危急了。我们应该与朝鲜结盟后迅速回国。"岳托分析得很对，可见他有勇有谋。后金天聪元年（1627年）三月初三日，朝鲜国王李倧率众臣与阿敏、岳托等在江华岛盟誓。盟誓达成协议后，大军撤离朝鲜。四月十七日，岳托、阿敏等人返回盛京，受到了天聪汗皇太极的热烈欢迎，皇太极论功行赏，给岳托又记了一功。

后金天聪二年（1628年），岳托和叔父阿巴泰（努尔哈赤的第七子）率军攻打锦州城、杏山城、高桥城。大军所到之处，明兵败阵而逃，岳托沿途烧毁了21座明台。回到盛京后，天聪汗皇太极亲自出城迎接，犒劳三军将士及岳托、阿巴泰等人，并赐给岳托一匹良驹。

后金天聪三年（1629年），岳托率大军攻打锦州、宁远两城，与叔父济尔哈朗派兵烧毁了明朝军队的粮草。岳托趁着黑夜偷袭大安口，与叔父济尔哈朗一起率领右翼大军，将大安口的水门毁掉，打败了镇守在马兰营的明军，和叔父阿巴泰的大军会师于遵化。随后又率大兵攻克顺义县，打败明朝总兵满桂，继续向京师进发。十二月，岳托等率军围困永平，大破守卫香河的明军，又立一功。

后金天聪五年（1631年）三月，皇太极问诸贝勒："国人怨断狱不公，何以弭之？"岳托奏曰："大汗应该选拔忠诚的直臣，远离奸佞小人，赏罚分明，以正国法。"由此可见，岳托在政治上是有一定谋略的。

后金天聪五年（1631年）八月，岳托又随皇太极、叔父济尔哈朗等率军围困大凌河城，很快攻占了附近的台堡。

后金天聪六年（1632年）正月，岳托上奏建议皇太极善待归降的士兵及汉人，不要像永平屠城那样，将不归降的汉人全部杀光。应该让前来归顺的明朝士兵、汉人百姓们安居乐业，这样他们才会臣服于后金。明朝的士兵如果知道后金善待百姓，善待他们的家眷，也会纷纷前来归降，这样大明就不战而败了。皇太极听了岳托的建议，非常满意，充分肯定了岳托的政治眼光。后金天聪六年（1632年）五月，岳托又随叔父济尔哈朗率军征伐蒙古察哈尔多罗特部，迫使林丹汗逃跑，大军驻扎在穆噜哈喇克沁。岳托和济尔哈朗率领右翼大军进攻归化城，收降了蒙古察哈尔多罗特部 1000 余人。

后金天聪七年（1633 年）八月，岳托协助叔父德格类（努尔哈赤的第十子）率军攻打旅顺，英勇杀敌，终于攻占了旅顺。大军回到盛京时，皇太极亲自为岳托酌酒，以示犒劳。

后金天聪八年（1634 年）闰八月，林丹汗患天花病死在甘肃大草滩。皇太极得到消息后，于次年二月，命多尔衮、岳托、豪格等人，率领 1 万精骑，迅速前往河套一带收抚察哈尔部众，寻找林丹汗长子额哲等人的下落。岳托出色地完成了这次任务，收降了众多察哈尔部众。同时还从叔父多尔衮身上学到不少带兵之策。尔后，岳托又率军攻打山西，因病在归化城休养。这时他得到消息，阿噜喀尔喀部、博硕克图汗之子俄木布联合明朝准备进攻后金。岳托派一小队人马伏击明朝使臣，又向土默特部借兵攻打阿噜喀尔喀部，避免了一场祸乱，稳定了蒙古诸部。

皇太极改国号大清后，改年号崇德，晋封岳托为成亲王。没过多久，有人告发岳托图谋不轨，有谋反之心，诸王建议皇太极，岳托论罪当斩。但皇太极最终宽恕了他，下诏将岳托的爵位降为贝勒，免去兵部之职。尔后，皇太极又重新起用他掌管兵部的一切事务。

崇德三年（1638 年）九月，皇太极派岳托为扬武大将军，随睿亲王多尔衮率领清军分两路入关。一路走墙子岭，一路走青山关。岳托率领大军从墙子岭攻击，他冲锋陷阵，一马当先，攻克明朝长城烽火台 11 座。一直率大军杀到山东，攻克了济南城。

岳托在济南城驻扎时不幸染上天花，于崇德四年（1639 年），不治而死。尔后，睿亲王多尔衮率师返回盛京，他拿出功劳簿递交给皇太极，并告知皇太极岳托在济南驻军时不幸见喜，薨逝军中的消息。皇太极十

分悲痛，下诏为岳托停朝三日。不久，岳托的灵柩运回盛京，皇太极为岳托举行了隆重的葬礼，亲自到安葬岳托的沙岭进行祭奠，并下诏追封岳托为克勤郡王。岳托薨逝后由长子爱新觉罗·罗洛浑承袭王位（后改号衍禧郡王）。康熙二十七年（1688年），康熙皇帝为了表彰岳托的功绩，为他立碑撰文。乾隆四十三年（1778年），乾隆皇帝下诏将岳托画像及牌位入祀盛京贤王祠，配享太庙。

窥视皇位的理亲王

弘历当了皇帝后，受到极大伤害的除了弘历的同父异母哥哥弘时外，莫过于废太子胤礽第二子、嫡长子弘晳了。雍正可以对自己的亲生儿子弘时狠下毒手，永绝后患，但对弘晳则碍于康熙遗嘱，未便下手，从而导致乾隆即位后一次"流产的政变"。

康熙弥留之际，除交代了帝位传承大事之外，还郑重嘱托雍正说："废太子、皇长子性行不顺，依前拘囚，丰其衣食，以终其身。废太子第二子朕所钟爱，其特封为亲王。"康熙原本是很想将皇位传给自己的嫡长子胤礽和嫡长孙弘晳的，无奈天不由人，才被迫放弃了这个他认为最完美的方案。但这位很重感情的老人并未因此丝毫减弱对他们的爱心，很有可能康熙晚年时常为此感到不安，甚至愧疚，到他即将辞别人世，决定将帝位交给胤禛、弘历这一对父子时，自然想对胤礽、弘晳父子有所补偿。雍正忠实地执行了上述遗嘱。雍正二年胤礽病逝，追谥理密亲王。至于弘晳，雍正登极之时即封其为郡王，六年又进封亲王。

乾隆即位以后，以庄亲王允禄为中心，逐渐形成了一个以近支宗室王公等组成的政治集团，他们暗中相互串联，行踪诡秘，与年轻的乾隆皇帝相对抗。这一集团除允禄外，主要有理亲王弘晳、宁郡王弘皎、郡

王弘升、贝勒弘昌、贝子弘普和镇国公宁和这些乾隆的叔伯兄弟。弘晳以昔日东宫嫡子自居，心怀怨愤，允禄及其他弘字辈的兄弟则不然。允禄在雍王时被封庄亲王，乾隆即位特命总理事务，又赏亲王双俸，兼与额外世袭公爵，在乾隆诸叔中，庄亲王允禄可谓恩宠最隆。弘普与宁和都是允禄之子，弘普于乾隆元年封贝子，宁和则得了那个"额外世袭公爵"，这两个人也可称为受恩于乾隆。弘昌与弘皎参与这个政治集团更不好理解。他俩是乾隆十三叔、怡贤亲王胤祥之子，胤祥与雍正关系非同一般，雍正称其为"自古以来无此公忠体国之贤王"，去世后令配享太庙，还打破祖制，命怡亲王王爵世袭罔替。弘皎于雍正八年封宁郡王，弘昌则于乾隆初由贝子晋封贝勒。弘升是乾隆五叔、恒亲王允祺的长子，康熙末封世子，但这个亲王世子到雍正五年八月时被削去了——当时乾隆三兄弘时不寻常地死去，弘升被革去世子看来很耐人寻味，不过，乾隆即位后，将其赦宥，封郡王，用至都统，还受命管理火器营事务，他参与暗中反对乾隆的党派活动真是不可思议。

　　乾隆对这个怀有敌意的政治集团有所察觉是在乾隆三年的时候，只是缺乏足够的证据，才迟迟没有采取行动。到第二年秋冬之际，有人告发弘晳等人与庄亲王"结党营私，往来诡秘"，乾隆才下令宗人府查询此案。经过宗人府的一番审办，最后奏请将允禄、弘晳、弘升革去王爵，永远圈禁，弘皎、弘昌、弘普、宁和具革去本身爵号，宗人府在拟罪请旨的奏折上，特别指出理亲王弘晳在听审时"不知畏惧，抗不实供"。值得注意的是，乾隆在最后裁决此案时，说庄亲王允禄"乃一庸碌之辈"，弘升不过"无藉生事之徒"，弘昌则"秉性愚蠢"，弘普则"所行不谨"，弘皎"乃毫无知识之人"，而所列弘晳罪行之严重、居心之险恶，

则大不相同。虽是这个罪名，也只是革去亲王，免于圈禁。

　　但是事情并未终结，后来弘晳又受到重罚。其一方面是因为他以旧日东宫嫡子自居，仍然期望有朝一日取乾隆帝位而代之。更重要的是，乾隆四年（公元 1739 年）十月到十二月，有一个叫福宁的人，是弘晳的亲信，来到宗人府告弘晳有弥天大罪，乾隆震怒，命平郡王福彭、军机大臣讷亲严切审讯得知。在审讯有关案犯时，巫师安泰的口供最骇人听闻。据安泰供称，他曾在弘晳府中作法，自称祖师降灵，弘晳随口问了以下几个问题，请神作答："准噶尔能否到京？""天下太平与否？""皇上寿算如何？""将来我还升腾与否？"

　　这些问题活脱脱勾画出一个唯恐天下不乱、企图东山再起的政治失意者的嘴脸。更为严重的是，弘晳不仅窥视皇位，梦想复辟，而且已经开始付诸行动了。经过平郡王福彭等人的继续审讯，弘晳已经仿照管理宫廷事务的内务府之制，设立了掌仪司、会计司。俨然以皇帝自居！

　　所以乾隆皇帝怒不可遏地斥责弘晳"居心大逆"，命交内务府总管，在景山东果园永远圈禁，其子孙亦革去黄带，从宗室中除名。随着昔日东宫嫡子弘晳被永远圈禁于阴森蔽日的高墙之中，从康熙晚年开演的宫廷争储闹剧也就落下了最后一幕。

权相能臣的官场沉浮

明太祖朱元璋因为怕权臣当道威胁皇权，不惜废除了宰相。还是清王朝的皇帝更聪明，他们把哪怕是最有权的大臣都变成了奴才。奴才的命运完全掌握在主子手里，就像被皇帝牵着的一只风筝，让你浮你便飞升九重天，让你沉你就得入十八层地狱。权相也好，能臣也罢，除了兢兢业业地干好自己的活儿，剩下的只能看他与皇帝的缘分了。

清代第一权臣范文程

明有刘伯温，清有范文程，但范文程对于清王朝的贡献，比刘伯温对明朝的贡献要大得多。一般百姓无人不知能掐会算的刘伯温，而对范文程却所知甚少，除刘氏身上那层神秘的外衣外，也与人们对清朝政权的敌视有关。无论如何，范文程在一个视自己为异类的政权里，既能淋漓尽致地发挥才干，又能全身而退，实在是个了不起的人物。

范文程，字宪斗，号辉辙，是宋代名臣范仲淹的后人。

明万历四十六年（后金天命三年），努尔哈赤率八旗军占领抚顺，范文程归顺后金。但是，努尔哈赤比较藐视汉人，范文程在他手下熬了8年才得到一个章京的小官。

皇太极即位后，开始重用汉人。他当然不会放过才高八斗的范文程。他一即位就立刻把范文程提拔到自己的跟前。

凡是军政大计都先和范文程商量后才做决定，范文程受到了皇太极的极大尊敬，每逢王公贝勒向皇太极报告军政大事时，皇太极第一句话就是"范章京知道吗"，他不直接称范文程，而尊称为范章京。臣子的议论奏折有了不当之处时，皇太极也总是说："为什么不和范章京商议呢？"奏事大臣回答说："范章京已经同意了。"皇太极就不再询问，同

意执行，甚至范文程生病，有一些事情还要等到他好了之后裁断。

按清朝的规定，章京有时负责起草皇帝的诏书，开始时皇太极还要看一下范文程起草的诏书，后来干脆都不看了，直接就批准执行。

他还对范文程说："我相信你不会有错的。"范文程也很争气，为皇太极出了很多良计，其中最有名的就是施反间计除掉了明朝边关大将袁崇焕。

皇太极去世后，摄政王多尔衮之亲弟豫郡王多铎色胆包天，看到范文程的妻子长得十分漂亮，竟然要抢夺范文程之妻。多尔衮知道后，罚多铎俸银 1000 两，夺其 15 个牛录。范文程感恩图报，立即上书摄政王，奏请立即出兵伐明，夺取天下，此书讲清了四个问题：其一，明国必亡；其二，与"流寇"争天下；其三，良机难得，稍纵即逝；其四，变方针，创"大业"，禁杀掠，收人心。

范文程的建议对清夺取中原的基本方针、政策的制定，对促使清军进关起到了巨大的作用。范文程启奏摄政王之后的第五天，摄政王多尔衮带领豫郡王多铎、阿济格等八旗王公大臣，统领满蒙汉官兵 10 余万在吴三桂的带领下，顺利攻占北京。

百务废弛，社会混乱，人心波动。范文程昼夜操劳，佐理国政。尽管当时头绪纷繁使他非常劳累。但与此同时，他始终紧紧抓住根本问题，为革除明朝弊政，与民谋利，争取人心，开国定制而艰苦奋斗。他首先致力于稳定都城局势，紧接着，他又奏请为明崇祯帝发丧。崇祯帝朱由检于三月十九自缢于煤山，二十一日李自成的大顺军发现他的尸体，用 2 贯钱，买柳木棺置放，四月初四日安葬于昌平，多尔衮同意，并于五月初四日下谕：李自成原系故明百姓，乃敢弑主暴尸，"诚天人共愤，

法不容诛者"，今令官民"为崇祯帝服丧三日，以展舆情"，著礼部、太常寺"备帝礼具葬"。此举深受故明官绅拥戴。

范文程还废除了明末横征暴敛的加派田赋之弊制。明末的辽饷、剿饷、练饷，平均每亩田增赋银 2 分多，全国共增田赋银 1600 余万两，比旧额增加了一半以上，地方官吏又借机勒索，闹得全国民怨沸腾，成为导致明朝灭亡的重要因素。

在连年战争中，农民军将明末的官府饷册通通烧毁，只剩下万历年间的旧册。范文程入京之后，即招集各部胥吏，征求册籍。以万历旧册为依据，照此征收田赋。多尔衮听从范文程之言，于七月十七谕告全国官吏军民，宣布废除三饷。

十月初十，顺治帝颁行的即位诏，又再次宣布："地亩钱粮，俱照前朝会计录（即万历年间的会计录）原额，自顺治元年五月初一日起，按亩征解，凡加派辽饷、剿饷、练饷、召买等项，悉行蠲免。"清朝田赋基本上没有加派，实奠基于此，这一利民利国的制度的确立和坚持与范文程是分不开的。范文程很注意争取汉族缙绅的归顺与合作，大力起用废官闲员，征访隐逸之士，让他们为官，治政教民。

顺治二年清年攻占南京后，范文程上疏：请于顺治三年、四年再次举行乡试、会试。顺治皇帝同意了。于是"江以南士子毕集，得人称极盛云"。范文程辛勤操劳，对清初的开国定制做出了重大贡献。

康熙五年（公元 1666 年）八月初二，这位为大清建国定制立下卓越功勋的大学士因病去世，终年 70 岁。

康熙帝知悉范文程病故，亲撰祭文，遣礼部侍郎黄机谕祭，赐其葬于河北怀柔区红螺山，谥"文肃"。其子承谟、承勋等分任总督、尚书等要职。

从左膀右臂到仅保性命的明珠

由能而宠，由宠而贵，由贵而骄，由骄而败，这是权相能臣宦海沉浮的一条铁律，能逃脱这条铁律束缚的人少之又少，明珠也不例外。

明珠，字端范，姓纳喇氏，生于后金天聪八年（公元1634年）。祖父金台石于明万历四十一年（公元1613年）继其兄纳林布禄为叶赫部首领，后金天命四年（公元1619年）时，被英明汗努尔哈赤斩杀。其子尼雅哈、德勒格尔归顺后金，隶满洲正黄旗。

康熙三年明珠升为内务府总管大臣，"掌内务政令，供御诸职，靡所不综"，成为宫廷事务的最高长官。康熙五年（公元1666年），任内弘文院学士，参与国政。

康熙六年（公元1667年），玄烨亲政，明珠更被重用。次年，任刑部尚书。他奉命和工部尚书马尔赛调查淮扬水患，会同漕运总督、河道总督等官，到兴化市白驹场地方查勘。返回后，向康熙帝报告说：旧有闸口四座，所出之水，由牛湾河入海。后因禁海填塞，水路受阻，淹没田地。因为白驹场离海甚远，并非沿海地方，不应堵塞，应速疏通河道，将四闸开通，积水可尽放出。另外，仍可设置板栏，一遇发水，即行开放，地方不致淹没，居民也不必迁移。明珠等人又查明清口是淮河、黄

河汇合处，如果黄河水泛滥，势必越过淮河，而淮河水弱，黄河水中泥沙，将阻塞河道。因此，他建议：将黄河北岸挑挖引河，以备蓄泄，使泥土逐水而下，保证运道畅通无阻。康熙帝采纳了他的建议，对解除水患，保护运道畅通，具有积极作用。十二月，传教士南怀仁认为，吴明烜推算的康熙八年历书中差错很多。明珠与其他大臣奉命测验的结果，证明吴明烜推算错误，南怀仁推算正确，都符合天象。康熙帝决定采用南怀仁的历书，并任命他为钦天监监副，掌管天文历法事务。

康熙八年（公元 1669 年），惩办了鳌拜以后，为消除鳌拜集团及其影响，明珠为朝廷提出了一系列新的建议。康熙九年，明珠改任都察院左都御史。康熙十年充经筵讲官。八月，建议停止盐差御史巡历地方之例。十一月，调为兵部尚书。康熙十二年（公元 1672 年）正月，康熙帝在晾鹰台检阅八旗甲兵。在明珠的指挥下，军容整肃。康熙帝称赞道："此阵列甚善，其永著为令。"

清初，平西王吴三桂，平南王尚可喜，靖南王耿精忠并列为"三藩"。在对待"三藩"撤与不撤这个重大问题上，唯有明珠与户部尚书米思翰、刑部尚书莫洛等极少数人，坚决主张撤藩，与帝意完全一致。康熙帝认为："吴、尚等蓄谋已久，今若不及早除之，使其养痈成患，何以善后？况其势已成，不若先发制之可也。"

当吴三桂发动叛乱时，朝廷有些人吓得惊慌失措。大学士索额图等人主张处死倡议撤藩的明珠等人，康熙帝严词拒绝。明珠竭诚效力，积极参与平定三藩叛乱的活动。康熙十九年，在处理尚之信属下兵丁时，给事中余国柱认为：尚之信标下官兵，应即撤回，三总兵官标下兵丁应予分散。议政王大臣会议认为：尚之信标下官兵应分入上三旗中，令驻

广东，另设将军、副将军管辖。三总兵官标下兵丁，有愿为兵者为兵，愿为民者为民。康熙帝则认为：尚之信标下官兵均分八旗，另设将军、副都统管辖，分散其力量，日后或撤或迁比较容易。二总兵标下官兵仍驻广东，归将军管辖。裁去另一总兵标下官兵。他便征求明珠之意如何，明珠主张：尚之信标下官兵共十五佐领，分入上三旗，每一旗五佐领，为数不多，不必分隶八旗。以后若撤回迁移，亦不论旗分调取，由满洲大兵押送，分入上三旗办法可行。康熙帝表示同意："既如此，不必分入八旗。尔等可改票来奏。"在处理耿精忠等人时，依照刑律应凌迟处死，其同伙董国瑞等19人应立斩。明珠上奏："耿精忠之罪，较尚之信尤为重大。尚之信不过纵酒行凶，口出妄言；耿精忠深负国恩，擅自称帝，且与安亲王内多有狂悖之语，甚为可恶。"随后又奏："此内有陈梦雷、金镜、田起蛟、李学诗4人，犯罪固应处死，然于应死之中，尚有可宥之处。"康熙帝命议政王大臣会议集议。于是陈梦雷等4人免死，给予披甲新满洲为奴。

三藩之乱的平定，巩固了清朝在全国范围内的统治，维护了全国的统一，在此期间，明珠的工作是有积极意义的。

康熙十四年，明珠调任吏部尚书，两年后，晋升武英殿大学士。从此明珠与索额图势均力敌，共理朝政。到康熙十九年索额图解任，由明珠一人佐理朝政，一直延续到康熙二十七年。在这9年时间里，恰值清朝承"三藩"之乱后恢复经济，明珠发挥了他的政治才能。

平定"三藩"叛乱以后，康熙帝开始解决台湾问题。康熙二十一年（公元1682年），福建水师提督施琅奏请自行进剿台湾。康熙帝征询大臣意见，明珠认为："若以一人领兵进剿，可得其志。两人同往，则未

免彼此掣肘，不便于行事。照议政王所请，不必令姚启圣同往，着施琅一人进兵，似乎可行。"明珠指出当时的形势："郑经已死，贼无渠魁，势必衰微。"康熙帝同意明珠对形势的分析，表示"施琅相机自行进剿，极为合宜"。施琅攻占台湾后，便疏陈善后意见：台湾有地数千里，人民 10 万，其地十分重要，如果放弃，必为外国占据，奸宄之徒可能窜匿其中，应该设官兵防守。康熙帝认为：不能弃而不守，但镇守之官三年一易，亦非至当之策。于是命议政王大臣会议。明珠代表议政王大臣奏报：施琅请守已得之地，设兵防守为宜；郑克塽、刘国轩、冯锡范、陈允华等头目及近族家人，不便安置在外省，应带来编入旗下。康熙帝表示同意。明珠还上奏：施琅之功实大，应加封为侯，授为将军，其属下官兵应加等议叙。康熙帝认为"此议甚当，即依行"。在祖国统一的战争中，明珠是康熙帝的得力助手。

明珠任大学士时，参与筹划抗击沙俄侵略，并亲自与沙俄使者交涉。康熙二十年（公元 1681 年），蒙古正红旗副都统缺员，明珠推举彭春，"人亦颇优，不但副都统，即将军亦可"。康熙二十二年，明珠认为："萨布素甚优，与将军职任相宜。"彭春、萨布素在首次抗击沙俄侵略，收复雅克萨城的战争中立下了战功。康熙二十五年，清朝再令萨布素率兵包围被沙俄第二次占据的雅克萨城。沙俄派使臣到北京请求解围，明珠奉命在午门前接收文书，并负责谈判。康熙帝决定和平解决，令萨布素将包围雅克萨城之兵撤回驻地，为签订《尼布楚条约》之准备。

康熙帝崇尚理学，用以改变满族贵族缺少文化素养的武夫形象，并作为统治汉人的思想武器。在皇帝周围聚集了如熊赐履、汤斌、李光地等理学名臣。明珠作为新一代的满族贵族，注意与理学名臣建立良好的

关系，不失时机地显示自己"好书画，凡其居处，无不锦卷牙签，充满庭宇，时人有比邺架者，亦一时之盛也"。其子性德为清代著名文学家，在徐乾学帮助下编印《通志堂经释》，俨然以宿儒自居。

当时，理学名臣之间，门户之见甚深，互相攻击。明珠"则务谦和，轻财好施，以招徕新进，异己者以阴谋陷之"。徐乾学原先请李光地引见给明珠，认为明珠是"可与为善之人，还有心胸"，因此想要请明珠帮助，重新起用熊赐履。明珠对徐乾学说，你报老师之恩很好，但熊赐履对你未必好。他对皇上说你学问好，其他都不好。于是，徐乾学怀恨而别。后来徐乾学与索额图联合，索额图与熊赐履抛弃前嫌，重归于好。明珠、余国柱很是惧怕，阴谋诬陷熊赐履。徐乾学与明珠的关系更加紧张了。

康熙二十四年，江宁巡抚余国柱告诉继任巡抚汤斌，朝廷蠲免江南赋税，乃明珠尽力促成，意欲勒索，遭到汤斌拒绝。考核官员时，外任官员向明珠馈送金银者络绎不绝。二十五年按察使于成龙与靳辅争论治河方案，朝臣均仰承明珠鼻息，支持靳辅，汤斌则陈诉勘查结果，赞成于成龙主张。凡明珠集团行事，汤斌多加梗阻。明珠、余国柱怀恨在心，奏陈汤斌有诽谤皇帝之语，建议罢免汤斌，但未获批准。时人认为："明珠、国柱辈嫉斌甚，微上厚斌，前途难料"。汤斌病死后，徐乾学又激其门生郭琇弹劾明珠、余国柱。在原先依附明珠的徐乾学、高士奇的密谋策划下，明珠降职。明珠本为广植党羽，招徕新进，联络理学名臣，但由于理学名臣间的学派纠纷，明珠、索额图集团之间的矛盾，却使他自己失去了左右朝政的地位。

康熙二十六年，李光地还乡探母，临行之前，明珠对他说：事势有变，江浙人可畏（郭琇曾为江南道御史，徐乾学，江南昆山人，高士奇，浙江钱塘人），不久我亦危险，无所逃避。冬季，康熙帝谒陵，于成龙在路上便对他说：当今官已被明珠、余国柱卖完了。康熙帝问有何证据？于成龙回答：请皇帝派亲信大臣去检查各省布政司库银，若有不亏空者，便是臣妄言。康熙帝讯问高士奇，高士奇尽言其状。康熙帝问：为何无人揭发？高士奇回答：谁不怕死！康熙帝又问：有我，他们势重于四辅臣乎？我欲除去，就除去了。有何可怕？高士奇说：皇上做主有何不可！于是，高士奇与徐乾学密谋，起草参劾疏稿。先呈皇帝改定，康熙二十七年二月，由金都御史郭琇参劾明珠八大罪状。

郭琇所列明珠八大罪状，直欲将明珠置于死地。在处理明珠问题上，康熙帝因"不忍遽行加罪大臣，且用兵之时，有效劳绩者"，故采取宽容的处理方式，革去明珠大学士职务，授为内大臣。明珠同党余国柱、科尔坤、佛伦等革职。康熙二十九年，康熙帝命裕亲王福全统兵征噶尔丹，明珠与领侍卫内大臣索额图等参赞军务，因未及追击败逃的噶尔丹，降四级留任。以后，康熙帝又两次亲征噶尔丹中，明珠都随从大军督运粮饷，因此叙功，恢复原级。康熙四十三年，明珠与大臣阿密达等奉命赈济山东、河南流民。于康熙四十七年（公元 1708 年）四月病死，终年 74 岁。

乾隆帝在审阅国史馆新纂《明珠传》后，认为：明珠主要的罪状是"徇利太深，结交太广，不能恪守官箴"。但是因康熙帝"念其于平定'三藩'时曾有赞理军务微劳"，而没有"暴示罪状"，严加惩罚，"是非功过不相掩"，仅是降职使用。

康熙朝前期，在分裂与统一的激烈斗争中，以及满族政治经济变革

的形势下，明珠参与朝政，协助康熙帝清除鳌拜、平定"三藩"、抗击沙俄、收复台湾、平定噶尔丹、治理黄河、接受汉族影响、建立清朝政治经济制度，都有利于祖国统一、经济发展，应予肯定。明珠结党营私，贪污贿赂等不法事，都是封建专制下的必然产物。康熙帝对郭琇弹劾明珠诸罪，并未公布于众，显然尚有曲全之意，这比索额图幸运多了。

下场凄惨的权相索额图

孟子曰："君子之泽，五世而斩。"一个有本事的君子，得了个好位子，挣了一大份家业，想把它千秋万代地传下去。但"五世而斩"，甚或"一世难保"，君子的梦想终会被残酷的现实所击碎。

索额图，姓赫舍里氏，满洲正黄旗人，出生年代推算当在崇德元年（公元 1636 年）前后，生于盛京（沈阳）。他生活在满族贵族夺取全国政权，进而统一全国的时期，即为满族从马上得天下，转变为统治天下的时代。

索额图之父索尼在后金天命年间（公元 1616～1626 年）为一等侍卫，其后屡立战功。后金天聪五年（公元 1631 年）升任吏部启心郎。

康熙六年（公元 1667 年）六月索尼去世，谥文忠。索尼的长子噶布喇任领侍卫内大臣，康熙四年，太皇太后挑其第二个女儿，册立为皇后。康熙十三年，皇后生皇二子允礽后不久便去世，谥孝诚仁皇后。次年，允礽被立为皇太子。索尼的第五子心裕"尚公主，遭遇之隆，古今罕觐"，先袭一等伯，后又世袭一等公，官至领侍卫内大臣。六子法保袭一等公。索额图乃索尼第二子，他正是以其皇亲国戚的特殊地位而跻身于朝廷。

索额图初为侍卫，康熙七年，任吏部右侍郎。康熙八年，五月，辞去侍郎职务，任一等侍卫。当时，身为四辅臣之一的鳌拜，广植党羽，"文武各官，尽出伊门下"，把他的心腹之人安插在内三院和各部院担任要职，随意罢免他不中意的大臣。鳌拜的专权跋扈，引起康熙帝的强烈愤怒，索额图也十分不满。康熙八年五月，康熙帝"以弈棋故，召索相国额图入谋划"，采取突袭的方式，逮捕鳌拜，惩其党羽，康熙帝始得真正主持朝政。八月，索额图升任国史院大学士。康熙九年恢复内阁制，索额图改为保和殿大学士，一直到康熙十九年八月离任。在这 10 年中，他成为朝廷里最有权势的大臣，在平定"三藩之乱"，稳定全国动荡的局面中，发挥了重大的作用。

当吴三桂、耿精忠发动叛乱而天下骚动之时，索额图认为这是因为撤藩激变，请将建议撤藩的人处死，遭到康熙帝斥责。索额图并未以此怀怨，在平定"三藩"的叛乱中，仍是积极出谋划策，协助皇帝运筹帷幄。康熙十八年十月，云贵总督周有德请求在进兵时应该专任一人，康熙认为：周有德好为大言。索额图说：他在陕西时，也曾条奏"若一路进兵，从之犹可！分道并进，如何可行"？同时，广西抚巡傅弘烈请求亲率兵进剿云、贵，兵部不准。康熙帝令大臣商讨进兵方略。

索额图认为："今大兵已经遣发，若又令其前进，多用官兵，必致劳困矣！"同年十二月，傅弘烈为进兵掣肘，请求辞去巡抚职务。康熙帝不同意，索额图建议说："前此弘烈奏，俱从其请。今若以言行不相顾，不令进兵，则彼反得借口解释前非。应仍令照常募兵，向所指之处前进。"以上意见都被康熙帝采纳，付诸实行，对平定"三藩"叛乱，具有积极作用。后来，礼亲王昭梿在《啸亭杂录》中追述说："索（额图）相当权时，多谋略，三逆叛时，公料理军书，调度将帅，皆中肯要。"
索额图在平定叛乱、统一全国的事业中，建立了不可磨灭的功勋。

当时，武英殿大学士熊赐履与索额图为莫逆之交。熊赐履为湖北孝
感人，顺治十五年（公元 1658 年）进士，后为康熙朝著名的理学名臣
之一。康熙十五年，熊赐履票拟有误，欲嫁祸同官杜立德，取原草签，
嚼后毁掉，引起纠纷，康熙帝命明珠审理。熊赐履一言不发，索额图劝
说："这本无大事，就是审贼犯，也毕竟要他自己亲供，方可定罪，老
先生不言，如何定案。"又说："老先生不要怕，就是如今吴三桂、耿精
忠自己说出真情来降，皇上也只得歇了，赦了他，何苦不言！"熊赐履
窘辱备至，承认错误后，被免去大学士职务。

当时，熊赐履在社会上声望甚高，世人都以为他是被索额图诬陷。
明珠同党徐乾学对熊赐履说："熊老师不出，天下何以治之！其去之事，
全是椒房（索额图）害之。"其实不然，熊赐履被免职后，康熙帝询问
可用之人，"索（额图）必以熊对，熊（赐履）必以索对"。这种亲密
关系是与他们的共同政治思想联系在一起的。索额图熟悉儒家学说，协
助皇帝建立起清朝政治经济制度，俱载于康熙二十六年修《大清会典》
中。不仅如此，索额图受汉族文化熏陶甚深，还是一位鉴别文物的专家。
他"好古玩，凡汉唐以来，鼎镂盘盂，索相见之，无不立辨真赝，无敢
欺者"。康熙十八年七月地震，北京官署民房倒塌很多，百姓死伤甚众。
左都御史魏象枢乘机上奏索额图"怙权贪纵状"，请求重谴。康熙帝斥
责索额图说："今见所行，愈加贪酷，习以为常"，告诫他要痛改前非，
否则加以重处。

每逢康熙帝倾听部院面奏政事时，索额图经常首先上奏，陈诉己

见，事关用人吏治、出征用兵等大事，多采纳其议。康熙十八年十一月二十三日，康熙帝因病不能上朝，便命部院官员，将其奏章俱送内阁大学士索额图等人核办。索额图权势隆盛，时人注目。

康熙十九年八月，索额图以病请求解任，蒙皇帝优旨褒称："卿辅弼重臣，勤敏练达，自用兵以来，翼赞筹画，允合机宜。"命在内大臣处上朝，不久授议政大臣。后来康熙帝又说索额图因贪恶，革退大学士。康熙二十二年三月，他对议政王大臣，列举索额图不端行为说：其一，索额图之弟心裕素行懒惰，屡次空班，皇帝交给索额图议处，索额图从轻处置，只罚俸一年。其二，索额图之弟法保懒惰，被革去内大臣职务，随旗行走，但仍不思效力赎罪，在外校射为乐，索额图未能尽教训之责。其三，索额图自恃巨富，日益骄纵。于是朝廷决定：革心裕銮仪使、佐领，仍袭一等伯，革法保一等公，革索额图议政大臣、内大臣、太子太傅，仍任佐领。这是索额图宦海生涯中的最低点。康熙二十五年（公元1686年），索额图复起，任领侍卫内大臣。

康熙二十七年，索额图奉命担任清与沙皇俄国谈判东北边界问题的首席代表，并签订了第一个中俄条约《尼布楚条约》。早在崇德八年（公元1643年），沙皇俄国就派瓦西里·波雅科夫越过外兴安岭，侵入黑龙江流域，其后，又有哈巴罗夫一伙匪徒越过外兴安岭，占领了达斡尔头人阿尔巴西住地雅克萨，建筑城塞，改名为阿尔巴津。他们还陆续沿江窜至黑龙江下游，到处烧杀淫掠，不断扩大对黑龙江流域的侵略。平定"三藩"叛乱后，康熙帝便集中力量准备反击沙俄的侵略。从康熙二十四年到二十五年，清军发起两次雅克萨反击战，挫败了沙俄的侵略，收复了雅克萨。沙俄被迫向清政府求和，遣使臣到北京，要求谈判。

　　康熙二十七年五月二十日，在商讨与沙俄谈判方针时，索额图提出：
"察俄罗斯所据尼布楚，本系我茂明安部游牧之所，雅克萨系我达呼儿
总管倍勒儿故墟，原非罗刹所有，亦非两界隙地也。""尼布楚、雅克萨、
黑龙江上下，及通此江一河一溪皆属我地，不可弃之于俄罗斯。"他认为：
如果沙俄能归还逃人，承认尼布楚、雅克萨、黑龙江是清朝领土，即"与
之画疆分界，贸易往来。否则，臣当即还，不与彼议和矣"。

　　康熙帝同意这一谈判方针，遂命索额图、佟国纲出发，前往色冷格，
与沙俄使臣费·阿·果罗文谈判。六月，索额图等使臣行至喀尔喀地方，
获悉噶尔丹正在叛乱，侵犯了喀尔喀蒙古，道路被阻，便退回了北京。
康熙二十八年四月，经中俄两国代表重新商定，谈判地点改在尼布楚。
索额图等人在出发前向康熙帝奏陈："尼布潮（楚）、雅克萨既系我属所
居地，臣等请如前议，以尼布潮为界，此内诸地均归我朝。"康熙帝指示：
"尔等初议时，仍当以尼布潮为界。彼使者若恳求尼布潮，可即以额尔
古纳为界。"康熙帝考虑到，噶尔丹正在进攻喀尔喀，希望尽早与沙俄
划定国界，腾出手来对付噶尔丹，为此做出了重大让步。

　　索额图率领使团启程前往尼布楚，经过两个多月的艰苦跋涉，六月
抵达尼布楚，驻扎在尼布楚河南岸，与尼布楚城相距3里。七月初五日，
中俄两国代表在尼布楚郊外开始谈判，果罗文首先发言，诬蔑中国挑起
战争，提出"两国以黑龙江至海为界"的无理要求。索额图当即予以驳
斥："敖（鄂）嫩河、尼布楚皆为我茂明安等部原来居住之地，雅克萨
为我虞人阿尔巴西等居住之地"，俄国人侵入中国领土，并强行占据。
俄国应退到色楞格以西，归还侵占的中国领土。第二天会上，果罗文提
议两国以布列亚河或结雅河为界。索额图根据出发前康熙帝的指示，与

沙俄代表艰苦谈判，终于签订了以格尔必齐河和额尔古纳河，以及沿大兴安岭为两国边界为主要内容的《尼布楚条约》。索额图忠实地执行了康熙帝的旨意，维护了国家的利益。《尼布楚条约》是中俄两国在平等协商的基础上缔结的，清朝虽然未能收回茂明安游牧地，却阻止了沙俄的进一步侵略，保证了两国边境居民的安宁生活，巩固了北方边疆。

康熙四十年九月，索额图以自己年老，奏准退休，离开了朝廷。

康熙四十一年（公元 1702 年），康熙帝南巡到德州，皇太子得病，召索额图至德州侍疾。留居月余，皇太子病愈，一起回北京。这次康熙帝突然召索额图到德州的原因，表面上是令探视皇太子，真实含意却并非如此。索额图为皇太子生母孝诚仁皇后的叔父，太子与索额图关系又很密切。后来康熙帝逐渐对太子行事不满，索额图也被牵连在内。先是康熙三十九年即有人告发索额图，康熙帝没有处置。倾陷索额图的人，首先令人注目的是高士奇。高士奇家道贫困，但长于诗文书法，被推荐给索额图。索额图常以"椒房之亲，且又世贵，侍士大夫向不以礼，况高是其家奴狎友，其召之幕下也，颐指气使，以奴视之"。以后高士奇被康熙帝破格提拔，高官显贵，但见索额图时，"犹长跪启事，不令其坐。且家人尚称为高相公，索则直斥其名，有不如意处，则跪之于庭，而丑诋之"。索额图有时还"切齿大骂，辱及父母妻子"。为此，高士奇怀恨在心，"遂顿忘旧恩，而思劀刃干其腹中"。康熙四十二年，高士奇随驾北上，这时他已背叛索额图，投靠明珠。明珠与索额图"权势相侔，互相仇轧"。康熙帝回京后，于四十二年（公元 1703 年）将索额图处死。

康熙四十七年（公元 1708 年），康熙帝对大臣们列举了皇太子的"种种恶端"，又说："从前索额图助伊（皇太子）潜谋大事，朕悉知其情，

将索额图处死。今允礽（皇太子）欲为索额图复仇，结成党羽。"据礼
亲王昭梿说：索额图在狱中时，有"客潜入狱馈饮食，及公伏法，客料
理丧殓事毕，痛哭而去，不知所终"。索额图的同党多被杀、被拘禁、
被流放；同祖子孙都被革职，其二子格尔芬、阿尔吉善被处死。康熙帝
对索额图一生所参与的重要军政大事，除与沙俄在尼布楚的谈判外，全
面给予否定，并说"索额图诚本朝第一罪人也"。这是不符合历史事实
的，也是极不公正的评价。

功高震主的年羹尧

　　年羹尧是清代前期著名大将，康熙十八年（公元 1679 年）出生在汉军镶白旗一个官僚家庭里。其父名年遐龄，精通骑射，清军入关，随军效力，因屡立奇功，授都统职。家有一妻一妾。妻子性情暴躁、凶悍，年遐龄常常为之头疼，待他纳一贫女为侧室时，河东狮吼更其厉害。侧室怀孕后，恐妻加害，就装病躲于帐中，年吩咐贴心仆人送饭、照顾。数月后一男孩呱呱坠地，夫人听说后，抢挟而去，命一老仆扔到河中喂鱼。那个老仆不忍心，将那个小孩藏匿起来。那个小孩的母亲不久伤心而死。后来年遐龄得知小孩还活着，百般哭求，那悍妇才同意将其带回家中抚养。这个小孩就是年羹尧。

　　年羹尧小时候聪颖异常但却性情顽皮。到了入学的年龄，其父为其和哥哥（异母）请一私塾先生教读。年羹尧一目十行，记忆不忘。其读书三年已将《十三经》烂熟于胸，年遐龄对其厚爱有加，赞叹不已。年羹尧便日益藐视私塾先生，常常以疑难的问题相责难，那个教书先生不能回答，只好气愤地请辞。如此这样，有 3 个老师先后请辞。没有人敢来授课了，年羹尧就带领一帮小孩到旷野中嬉戏，堆起石头做营盘，甩土块、投石头，玩得不亦乐乎。年羹尧任指挥，俨然临敌对垒，步伐整齐，进退有节，看到的人都为之称奇。

康熙三十九年，21岁的年羹尧考中进士，并被选为庶吉士，这为他以后的仕途奠定了良好的基础。随后他充任四川、广东乡试的考官，慢慢升为内阁学士、授翰林院检讨。年父当时已任湖广巡抚，家中殷实。但年羹尧不甘心编一辈子史书，他要的是更多的实权。

康熙四十八年（公元1709年），胤禛晋封为雍亲王，并充任镶黄旗旗主。年羹尧跟随雍亲王，被放到外面做了一名武官。年羹尧在这几年立了几次大功，康熙颇为欣赏，逐步把他提升起来。就在这时，年羹尧的妹妹被选为雍亲王的侧室福晋，年家因此从下五旗之一的镶白旗，升入上三旗之一的镶黄旗。这样，胤禛与年羹尧既是郎舅，又有从属关系。胤禛在与诸皇子夺取帝位继承权的激烈争斗中，实力人物年羹尧的支持起了重要作用。

就在这一年，年羹尧奉命出使朝鲜，回国后不久升为四川巡抚。这时年羹尧刚30岁。当然这与他的才能也是分不开的。最突出的还是他的军事才能，使他在康熙时就崭露头角，颇受赏识和重用。康熙五十六年，准噶尔部策反进袭西藏，给清廷带来威胁。四川是入藏的重要通路之一，更是内地的屏障。为保证大军入藏的胜利，争取西陲安定，康熙不得不考虑在四川安排一位具有军事才能的人。年羹尧正是在这关键时刻上了一个奏折，指出了四川各营镇的弊病，提出了整饬营伍、增设驻防等建议，并称巡抚无权节制各镇，要求给以总督衔，表示"一年之后营伍必当改观"。敢于自请总督衔，这在清代还是罕见的，尽管有贪图功利之心，但仍不乏毛遂自荐的勇气。康熙答应了他的请求。年羹尧果然不负厚望，经理四川防务，去援大军入藏，协助运粮守隘，为西藏的

最后平定，立下大功。

康熙六十年，年羹尧入京，被命为兼理四川、陕甘总督，并得到康熙赏赐的弓矢等物。此时，年羹尧已是赫赫有名的人物了。还在年羹尧在翰林院做编修时，他就与落魄潦倒的四阿哥有了切肤之交。四阿哥是康熙诸多皇子中的一个。皇子的身价向来取决于母亲，其母生时刚由常在晋为"德贵人"，只比普通宫女高一级，在众多后宫妃嫔中，身份低贱。皇子中，胤禛封贝勒后迁出皇宫，孤僻的性格使他更加形单影只。苦恼之极的四阿哥也只有天马行空，独来独往。他移情山水，问道寺观，有时还会干些不合身份的荒唐事。

八大处是京城有名的景点，也是泼皮无赖作奸犯科之地。这天，涉世不深的四阿哥就在翠微山上了大当，被"放鹰"的讹上了。走投无路之际，年羹尧恰巧路过，用一张银票为四阿哥解了围，从此二人即成莫逆。

康熙末年，年羹尧任川陕总督，十四皇子允禵在西北平乱。雍正密令年羹尧牵制允禵，使得重兵在握的允禵无法兴风作浪，终于确保雍正顺利即位。年羹尧在雍正即位之初对雍正的帮助不可谓不大。

雍正登基后，年羹尧和隆科多两人可谓是其左右手，加上年羹尧的妹妹是雍正的妃子，因而更增加了一种信任感。雍正即位后，朝局不稳，雍正急需用一些功绩来稳固自己的政权，安定民心。因此雍正就把西路军务粮饷和地方诸事交给年羹尧等掌管。青海罗卜藏丹增蠢蠢欲动，雍正倾尽国力来支持年羹尧剿灭罗卜藏丹增，年羹尧并未让雍正失望。

年羹尧深通兵法，擅于作战。在征青海时，有一次，进兵前一日忽而传令全营将士各带木板一片稻草一束，军中均不解其意，次日兵至榻

子沟过淤泥深坑之地，年羹尧就命人将束草掷入并铺上木板，如是行军无阻。殊不知敌方原以此地为险，没想到神兵天降，猝不及防，清军遂破其巢。再如年羹尧征西藏时，一日半夜之间，忽闻一阵疾风从西边刮来，顷刻就消失了，年羹尧即命一将率领骑兵前往西南密林之中搜索敌人，结果将其全部歼灭。当部下问其故，年羹尧说："一霎而绝非风也，是飞鸟振羽声也，夜半而鸟出，必有惊之者，此去西南 10 里有丛林密树，宿鸟必多，意必贼来潜伏，故鸟惊起也。"足见其兵法之灵变。

后来，年羹尧率军将罗卜藏丹增杀得干干净净，为雍正向八王爷等人发难加重了一个重要的砝码。年羹尧也被加封太保、三等公。仅隔 6 天，又封其为二等公。次年，晋爵一等公。这时的年大将军已是威震西北，功盖天下了。

仅仅半年时间，年羹尧就独揽了西北军事指挥大权，其官位提升之快，权力膨胀之大，几乎令所有的王公大臣瞠目结舌。加上年羹尧扎实的文笔功夫、办事果敢、认真负责，更加得到雍正的重用。许多事是在君臣二人间秘密进行的。

作为新政权的核心人物，年羹尧被视作社稷重臣。虽远在边陲，雍正却让他参与朝政。在政务活动中，凡军国大事都要与他磋商，就连官员升迁，雍正也常常征求采纳年羹尧的意见。山西巡抚诺岷提出火耗归公的建议，雍正对年羹尧说："此事朕不洞切，难定是非，和你商量。你意如何？"律例馆修订律例，雍正阅后发给年羹尧看，要他提出修改意见。在用人和吏治方面，雍正给予年羹尧极大的权力。在川陕，"文官自督抚以至州县，武官自提镇以至千把"，其升迁降革均由年羹尧一人决定。对其他地方官员的使用，雍正也常听取年羹尧的建议。京口将

军何天培的操守为人，朝中内外论说不一，雍正让年羹尧就其所知"据实奏来，朕以定去留"。年羹尧密参署直隶巡抚赵之垣庸劣纨绔，雍正遂将赵革职。江西南赣总兵缺出，朝廷拟用宋可进，年羹尧奏称他不能胜任，请以黄起宪补授，雍正便依从了年羹尧的建言。雍正还多次在其他大臣面前赞扬年羹尧，要他们向年学习。

雍正对年羹尧寄予厚望，而年羹尧也确实不负"皇恩"，为雍正、为朝廷可谓竭尽全力。雍正初年的一些成就与年羹尧的努力是分不开的。因此，他受到了任何人都无法相比的恩宠，加官、晋爵、赐第、赏金，接踵而至。就连其家属、奴仆也共沾圣恩。其父先后加尚书衔、太傅衔，封一等公；其子也得厚封。

在生活上，年羹尧的手腕、臂膀有疾及妻子得病，雍正都再三垂询，赐送药品。对年羹尧的父亲年遐龄在京情况，年贵妃以及她所生的皇子福惠的身体状况，雍正也时常以手谕告知。赏赐美食珍宝玩物更是常事，一次赐给年羹尧荔枝，为保存鲜美，雍正令驿站6天内从京师送到西安，这可与唐朝向杨贵妃进献荔枝相比了。雍正对年的宠爱无以复加，而同时他也把年抬高到一个年自己并未察觉的危险位置，为年之死种下隐患。

事物发展如果逾越了规律必然导致走向反面。年羹尧难道不知道家奴不出籍不能为官的道理？年羹尧其实是被自己辉煌的业绩和巨大的权势蒙蔽了双眼，在一片恭维和赞颂声中自我膨胀起来，这很快引起了雍正帝的反感。

辉煌的业绩冲昏了年羹尧的头脑，他"既受天眷，日渐骄傲"，终于走向了反面。

　　他妄自尊大，不守臣道。在四川，年羹尧把康熙的行宫当作自己的中军营帐，每天有1000多人为自己运送蔬菜食品，吃饭称之"用膳"。在军中，蒙古诸王见他必须下跪。对待朝廷派来的侍卫用尽各种威逼恐吓之手段，让这些人直把年当作亲爹一般。他们被用作仪仗队，充下人役使，为他前引后随，牵马坠镫。按清代制度，凡上谕到达地方，地方大员须迎诏，行三跪九叩全礼，跪请圣安。但雍正帝恩诏两次到西宁，年羹尧竟"不行宣读晓谕"。他在与督抚、将军往来的咨文中，擅用令谕，语气模仿皇帝。更有甚者，他曾向雍正帝进呈其出资刻印的《陆宣公奏议》，雍正帝欲为此亲撰序言，但年羹尧以不敢"上烦圣心"为借口，代雍正帝拟就序言，要雍正帝颁布天下，如此僭越无度，雍正帝能不寒心！在雍正心中，年已经成为第二个吴三桂。

　　雍正二年十月他进京时，都统范时捷、直隶总督李维钧跪迎。到京时，黄缰紫骝，郊迎的王公以下官员跪接，年羹尧安然坐在马上行过，看都不看一眼。王公大臣下马向他问候，他也只是点点头而已。在京期间，他外出时，先令百姓填道，届时戒严，店铺关门停业。凡人给他送礼必称"恭进"，而他给属员之物称"赐"，接见新属员称"引见"，俨然皇帝对待臣子。年羹尧还"传达旨意，书写上谕"，俨然成为总理事务大臣。更有甚者，他在雍正面前，态度竟也十分骄横，"无人臣礼"。

　　他接受贿赂，侵吞军饷。除他的亲信外，凡走他"后门"以求一官半职者，都要给他进献厚礼，多者竟达现银2万两。仅仅人事安排一项，最多的一次收受40多万两白银，那时一品大员一年的俸禄才180两银子，可抵得上1万个八品官一年的收入！

　　由于常年统兵在外，他还多次侵吞军需，多者达100多万两。

他排除异己，结党营私。在保举官员时，他滥用私人，凡由他举荐者称为"年选"，连吏、兵二部也不得不给以方便。这样，他把自己的亲信全部安插，形成了以他为核心的"年党"。他的大小亲信分别占据各个要害部门，雍正皇帝当然如坐针毡。按规定，奴仆未出籍不得做官，而他的家奴桑成鼎却做了知府，魏之耀也当了署理副将。这些在众目睽睽之下的所作所为，自然引起了朝野的不满，难怪山西按察使蒋洞说他"恣凭胸臆，横作威福"。实际上，他是把自己放在了极其孤立的地位。

年羹尧苛待部下，为人残暴。这大概也是最不得人心的一点。年羹尧性情急躁，喜怒无常，稍不如意就滥罚属下，甚至草菅人命、滥杀无辜。如他曾为儿子请了一个私塾先生，一日，一仆人为其盛饭不慎掉下几粒米，年羹尧即命人将仆人推出砍了，吓得教书先生目瞪口呆，只想尽快回家。在青海打仗时，某天年羹尧抢到一部落的美貌女子，当晚命都督在营门口站岗，都督认为年在云雨快活，肯定无暇顾及查岗，遂让人替岗。结果，年羹尧半夜巡视，大怒，最后竟将两人全处死了。再比如他曾派兵包围一个村落，制造了惨绝人寰的大血案。对于官员也是一样，四川巡抚蔡珽、驿道金南瑛等，都被年羹尧以莫须有的罪名罢免，制造了不少冤假错案。于是，大臣纷纷上表弹劾年羹尧，就连他的副将岳钟琪也弹劾这位顶头上司。

张廷玉曾言："本来就是用年羹尧来攘外，外患既除，还不知收敛，死期不远。"本来，功高盖主之人是最应该要懂得韬光养晦的，更应该懂得要及时抽身，年羹尧居然不退反进，想把10万大军培养成军阀实力，又插手地方政务，培植个人势力。对此种张狂，凡是人主都不肯饶，更何况是雍正这样一个以每天杀一名臣子而著称于世的铁腕皇帝。

结束陛见回任后，年羹尧接到雍正的朱谕："凡人臣图功易，成功难；成功易，守功难；守功易，终功难。……若倚功造过，必致反恩为仇。"这件朱谕一反过去嘉奖赞赏的词语，向年羹尧敲响了警钟，此后他的处境便急转直下。

可是没有等年羹尧反应过来，雍正转脸就跟有关官员打招呼，启发他们揭发年羹尧的劣迹，为其垮台做舆论准备，并剪除其亲信。

就在年羹尧骄横日甚之时，有识之士即已看到了他的下场。《啸亭杂录》卷一《年大将军先兆》记载：年羹尧在他的府第匾额上书"邦家之光"，有人嘲笑说："可改为'败家之先'。真是旁观者清。他不仅遭到了群臣的嫉恨和反对，而且触怒了雍正。雍正自登基之初即着手整顿吏治，而且赏罚分明，因而对年羹尧的贪赃枉法是不能容忍的。特别是年羹尧进京时的表现，更使他改变了态度。

雍正二年十一月，工部郎中岳周以现银 2 万两请托年羹尧，希望荐为西安布政使。年未接受，奏报了皇帝。这件事使雍正产生了疑虑：一个能接受如此贿赂的大臣不可能是循规守矩的。但当廷议将岳周正法时，雍正却改为监候。不久，又发生年羹尧参奏四川巡抚蔡珽逼死重庆知府蒋兴仁一案。刑部议，按律拟斩。而雍正又下谕从宽免罪。对这两件事的处理，雍正说得很明白："朕思蔡珽所犯，系年羹尧参奏，今若将蔡珽置之于法，人必以朕为听年羹尧之言而杀蔡珽矣。朝廷威福，臣下得而操之，有此理乎？即如岳周之罪，本应即行正法，因系年羹尧所参，故改为监候。"寥寥数语，道出了内心之所虑。

最使雍正痛心的是，他看到了自己在用人上的失败，以及亲手建立的情报网在年羹尧处的失灵。雍正登基以后，为了加强中央集权，粉碎

结党行为，曾派侍卫细心搜访显要大员的情况，以掌握各方动态，据说，雍正的手段非常厉害。雍正并不忌讳谈到告密，他标榜自己"朕励精图治，耳目甚广"。从现存的资料分析得知，他的耳目触角遍及全国各地，有以密折制度为依托的明线，又有由特工所织成的若干暗线。一切都是无形的却又很制度化。其情报网组织的人员，一为科道言官和写奏折的官员；二为雍正所培养的一批御前侍卫；三为通过各种渠道推荐给各省督抚的书记、长随等。

因此，"凡闾阎细故，无不上达"，"故人怀畏惧，罔敢肆意为也"。在人人畏惧的情况下，唯独年羹尧恣意妄为，而情报网又偏偏在这里出了问题，有关年的行动，竟无片语只言的报告。但是更令雍正感到特别意外的是，他派去监视年羹尧的特务，竟然给年羹尧牵马，充作下人。雍正感到格外痛心，想不到自己最信任、最重用的人，竟然是最有负于他的人。自然，爱之愈深而恨之愈切。对此，他一方面感到自责，一方面又转向对年羹尧的发泄。而他整人的策略是"不遇事发，姑不深究"。说确切些，就是要寻找机会。不久，这个机会终于来了。

雍正三年（公元1725年），是世界历史上微不足道的一年，但对清朝雍正王朝来说却是异乎寻常的一年。

在这一年二月，天空出现了一个奇特的天文现象，太阳还没有下山月亮就出来了，而且正好赶上金、木、水、火、土五星连珠，这种现象大概要一两百年才可能赶上一回，所以历来被认为是大吉大利。因此，百官是纷纷上书，上表祝贺皇上，说这是咱们皇上英明，天降吉祥。那年羹尧当然也不例外，他在上书时用了一个词"夕惕朝乾"，原词出自《周易》，意思是说有道德的君子、有学问的人整天都是非常勤奋努力，到了晚上，还总是想我是不是有什么地方做得不合适，明天是不是做得更好一点。年羹尧把常用的"朝乾夕惕"写成了"夕惕朝乾"，让雍正给抓住了，雍正认为他是有意倒置，心怀叵测，他在上谕里面说："……谬误之处，断非无心。"

雍正先将年羹尧的亲信甘肃巡抚胡期革职，署四川提督纳泰调回京，使其不能任所作乱。雍正三年（公元1725年）四月，解除年羹尧川陕总督职，命他交出抚远大将军印，调任杭州将军。这位朝廷重臣自事发之日起，竟毫无准备。初调杭州时他托词不愿前往，到杭州后仍抖威风，以致"鬻薪卖菜者皆不敢出其门"。

年羹尧调职后，内外官员更加看清形势，纷纷揭发其罪状。雍正以俯从群臣所请为名，尽削年羹尧官职，并于当年九月下令捕拿年羹尧押送北京会审。十二月，朝廷议政大臣向雍正提交审判结果，给年羹尧开列92款大罪，请求立正典刑。其罪状分别是：大逆罪5条，欺罔罪9条，僭越罪16条，狂悖罪13条，专擅罪6条，贪婪罪18条，侵蚀罪15条，残忍罪4条，忌刻罪4条。实际上有很多罪名，是强拉硬扯、随便上纲的。雍正说，这92款中应服极刑立斩的就有30多条。

一个被皇帝视如手足的权臣，一夜之间成了十恶不赦的罪臣。鸟之将死，其鸣也哀。年羹尧在监狱里上书哀求，他说：把我这条狗，把我这匹马留下，慢慢地给主子效力。雍正念年羹尧青海战功，格外开恩，赐他狱中自裁。毕竟不必杀头，可留下个全尸，自然算得上皇恩浩荡。

据说那晚，年羹尧沐浴后伏地长跪遥拜父母，他看着扑闪的青灯，听着长长的南屏钟声，提笔写道："晚钟送残月，孤灯落碎花。北风凋碧草，胡马腾白沙。"并咬破中指以血在墙上写下"狡兔死，走狗烹"6

130

个大字，写毕，径向悬挂着的白绫走去。

年羹尧父兄族中任官者俱革职，他的儿子被斩，其他 15 岁以上、嫡亲子孙都发到边疆充军，家产抄没入官。叱咤风云一世的年大将军，终以身败名裂、家破人亡告终。

是年，年羹尧 47 岁。

被永远禁锢的国舅爷隆科多

隆科多步入军界和政坛，并青云直上，多半是由于他的祖辈、父辈对清廷的莫大功绩与尊荣，以及他同康熙间的至亲关系等因素所促成的。康熙二十七年（公元 1688 年），隆科多被任命为一等侍卫，不久又擢銮仪使兼正蓝旗蒙古副都统。三十四年（公元 1695 年），又兼任镶白旗汉军副都统。四十四年（公元 1705 年），因其部属违法妄行，被康熙发现，谕责隆科多不实心办事，革除其副都统、銮仪使之职，仍任一等侍卫。

康熙五十年（公元 1711 年），隆科多又突然升迁，被授为提督九门步军巡捕三营统领，开始掌握军权。五十九年（公元 1720 年）十一月，任理藩院尚书，仍管步军统领事务。

康熙晚年，诸皇子之间争夺储位斗争激烈。隆科多本来"与大阿哥相善，人皆知之"。后来，他为了巩固自己的权力和地位，竭力同日益受宠的胤禛拉关系。而急欲登皇位的胤禛看到隆科多握有军权，就设法同他暗相勾结。在这种情况下，隆科多同胤禛的关系空前密切，成为当时清朝政局颇为关键的两个人物。六十一年（公元 1722 年）十月，隆科多奉旨同胤禛一道清查通州（今北京通县）各个粮仓，以防不敷和霉

烂。十一月，康熙病重，隆科多奉命侍疾御榻前。康熙在畅春园死后，隆科多宣读"遗诏"，由胤禛即帝位。胤禛正在痛哭之时，隆科多又提醒他说："大行皇帝深惟大计，付授鸿基，宜先定大事，方可办理一切丧仪。"于是，胤禛决定护送其父遗体进城，令隆科多，允祥负责备仪卫、清御道。他还命隆科多率军警卫京城，关闭九门 6 天，"诸王非传令旨不得进"大内，以防允禩集团乘机捣乱。胤禛实施的这些保安措施，遏止了朝廷内部可能发生的政治变故，而在这当中，隆科多立下了汗马功劳。从此，隆科多成为新政权的核心人物。康熙去世不久，胤禛就任命他为总理事务大臣之一，把其父在第一次废太子中获罪失去的一等公爵衔赏给隆科多，并称隆科多为舅舅，这是异乎寻常的。显然，胤禛是把封爵、尊称和总理事务大臣三个头衔作为对隆科多扈翼登基之功的酬谢。同年十二月，又以隆科多在办理康熙殡葬事务中"克殚悃诚"，"诸事允当"，赏给一等阿达哈哈番世职，让其长子岳兴阿袭，次子玉柱出侍卫擢銮仪卫銮仪使。后又任命他为吏部尚书，仍兼步军统领。

雍正元年（公元 1723 年），隆科多奉命主持会考府事务，专司各省奏销钱粮。三月，命加太保。四月，雍正亲赐隆科多"世笃忠贞"的御书匾额。雍正二年（公元 1724 年），隆科多被任命为撰修《圣祖仁皇帝实录》总裁官、撰修《大清会典》总裁官和《明史》监修总裁官。六月，他又奉命兼管理藩院事务，并受赐双眼孔雀翎、四团龙补服、黄带及鞍马紫辔。至此，隆科多得到朝廷的重用和恩荣达于极点，被雍正称赞为"此人真圣祖皇帝忠臣，朕之功臣，国家良臣，真正当代第一超群拔类之稀有大臣也"。

雍正即位初期，政局不稳，他劝谕隆科多和年羹尧这两个左右手同

舟共济，内外鼎助。为了实现这个图谋，他甚至自行做主，把内弟年羹尧的长子年熙过给隆科多做儿子。其实，隆科多已有两个儿子，但能得到皇上的非同小可的恩赏，他感到万分欣喜，说自己命中该有三个儿子，这第三子即如同上天所给。随后，他将年熙更名为得住，并向雍正发誓，一定会同年羹尧亲密共事。

然而，对隆科多和年羹尧这二人来说，权重必擅，赏多必骄。隆科多自恃有功，在朝廷内部专横跋扈，揽权逐利。如在吏部，司官对他"莫敢仰视"，唯命是从。他所经办的铨选，人们称之为"终选"。在诸王面前，他傲慢无礼。有一天，皇十七子允礼进宫，隆科多碰见了，他不按规矩跪一脚问安，仅起立表示致敬。允礼当时也不敢得罪于他，遂向他欠身而过。这时的隆科多变得狂妄自大，目中无人。同年十一月，雍正已察觉隆科多这方面的问题，他在河道总督齐苏勒的奏折上密谕："近日隆科多、年羹尧大露作威福、揽权势光景，若不防微杜渐，此二臣将来必至不能保全，尔等皆当疏远之。"

隆科多虽专擅逞威，但颇有心计。他预料到自己的权位并不稳固，因而在许多事情上都留了后路。他很早就把财物转移到各亲友家中，以防雍正抄家。他参与了雍正的夺储阴谋，意识到皇上迟早会除掉自己。他借诸葛亮的"白帝城受命之日，即是死期已至之时"，来抒发自己的恐惧心情。他担心权位过重，会引起雍正的疑忌，于是主动提出辞掉步军统领之职。

雍正三年（公元 1725 年）起，隆科多开始失宠，被解除步军统领之职。五月，他同年羹尧一起，遭到雍正的谴责："朕御极之始，将隆科多、年羹尧寄以心膂，毫无猜防，所以作其公忠，期其报效。孰知朕

视为一德，伊等竟怀二心，朕予以宠荣，伊等乃幸为邀结，招揽纳贿，擅作威福，敢于欺罔，忍于背负，几致陷朕于不明。朕恨辨之不早，宠之太过，愧悔交集，竟无辞以谢天下，只有自咎而已。朕今于隆科多、年羹尧但解其权柄，不加刑诛者，正以彼等之妄谬，皆由朕之信任太过，是以唯有自责，而于伊等一概从宽也。自今以后，既觉其奸伪，晓谕众知，不复信任，假以要权。"并警告其党羽，应与他俩划清界限，断绝联系。六月，雍正又以其子玉柱行为卑劣，命革銮仪使等职，交隆科多管束。接着，又以隆科多徇庇年羹尧之罪和议叙银库各员不从公商酌为由，令交都察院严加议处。都察院奏议革去隆科多一等公爵，但雍正不同意，命削其太保衔及一等阿达哈哈番世职，并命往甘肃阿兰善等处修理城池，开垦荒地。

雍正对此安置还不放心，又特意谕示凉州总兵宋可进予以监视，叫他与隆"相见时不须丝毫致敬尽礼"。七月，雍正下令把过去赏赐给隆科多的黄带、紫扯手、双眼翎和四团龙等物俱收回，不准使用。显然，雍正这时不仅不信任隆科多，而且将他看成是诳君背主、植党擅权的大奸臣。

雍正四年（公元1726年），隆科多被罚往新疆阿尔泰岭，同策妄阿拉布坦议定准噶尔和喀尔喀游牧地界，事毕后再同预计前来的俄国使臣会议划定两国疆界。雍正严厉指出："此事隆科多非不能办者，伊若实心任事，恩盖前愆，朕必宽宥其罪，若心怀回测，思欲愤事，所定边界，不合机宜，于策妄阿喇布坦、鄂（俄）罗斯地方生事，朕必将伊治罪。"而后，又命刑部审问隆科多的家仆王五、牛伦。他们供出了隆接受年羹尧、满保等多人礼物的情形。二月，隆科多奏称："臣等验看宁夏贺兰山前，摇汉拖辉至石嘴子等处宽阔一百里，旷野而平，其土肥润，秆种

俱皆发生，基地尚暖，易于引水……若修造渠坝及放水之闸，两岸可以耕种万顷地亩。"议政王大臣奏交大理寺卿通智同岳钟琪商酌办理，谕从其议。随后，兵民前往开垦，并在新开发区设立新渠县。

这说明隆科多在遭到谴戍之后，依然忠于朝廷。五月，礼部侍郎查嗣庭因文字狱被戮尸枭示，隆科多以荐举罪受到牵连，但"每奉密旨诘问，俱不吐实"。与此同时，雍正还谴责隆科多和允禩的同伙阿灵阿、揆叙等人互相党附，邀结人心。八月，隆科多同散秩大臣四格在恰克图与沙俄代表萨瓦·务拉底恩拉维茨会面。在谈判中，他能坚持正确立场，坚决要求沙皇政府归还被其侵占的中国大片领土。

雍正五年（公元1727年），宗人府参劾辅国公阿布兰私将皇室玉牒缮本交给隆科多，收藏在家。阿布兰被革去公爵，并圈禁家中，旨令隆科多将情由回奏。六月，议政王大臣等议奏："隆科多私抄玉牒，存贮家中，及降旨询问，又不据实具奏，应俟办完俄罗斯疆界事件，将伊革职，拿问治罪。"雍正针对此事，怒斥隆科多说："从前差隆科多前去，并非不得其人，以其能办理而使之也。俄罗斯事件最易料理，特给伊效力之路，以赎罪耳。及隆科多去后，看其陈奏一应事件，不但不稍改伊之凶心逆行，且并不承认过失，而举动狂悖，全无愧惧，将朕降旨行文查问之事隐匿巧饰，无一诚实之语。伊既不实心效力，则留伊在彼，反致妄行搅扰，毫无裨益，可将隆科多调回，令其速来，未到京以前，尔等请旨，俄罗斯边疆等事，著克什图前往，与四格、图理琛办理。"旋以大不敬罪，革去隆科多一等公爵，命其弟庆复袭替。

十月，顺承郡王锡保等遵旨审奏隆科多罪案，列举他犯大不敬之罪有5，欺罔之罪有4，紊乱朝政之罪有3，奸党之罪有6，不法之罪有7，

贪婪之罪有16，共计41条大罪。在大不敬的罪状中，除私抄私藏玉牒外，还说他把康熙赐给他的御书贴在厢房，视为玩具。又说皇上赏给他3000两银子，令他修理公主坟墓，但他拖至3年，竟然不修理。在欺罔罪状中，谈到他在康熙去世的那天，他并未在御榻前，亦未派出近御之人，但他却"诡称伊身曾带匕首，以防不测"，又"狂言妄奏，提督之权甚大，一呼可聚2万兵"。在祭祀时，他"做有刺客之状，故将坛庙桌下搜查"。在紊乱罪状中有：他在"皇上谒陵之日，妄奏诸王心变"，又"妄奏调取年羹尧来京，必生事端"，"妄奏举国之人，俱不可信"。在奸党罪状中，说他交结阿灵阿、揆叙以及保奏大逆之点嗣庭。在不法罪状中，说他"任吏部尚书时，所办铨选官员皆自称为佟选"，指控他纵容家人，勒索财物，包揽招摇，肆行无忌。在贪婪罪状中，列举了他接受贿赂的名单和银数，纳贿银多达50多万两。雍正览奏，谕诸王大臣等曰："隆科多所犯41款重罪，实不容诛。但皇考升遐之日，召朕之诸兄弟及隆科多入见，面降谕旨，以大统付朕，是大臣之内承旨者，惟隆科多一人。今因罪诛戮，虽于国法允当，而朕心则有所不忍。"在这种情况下，雍正免其正法，命于畅春园外附近造屋三间，把隆科多永远禁锢在那里，以恕背恩之罪。他的财产被全部用于抵赔追赃，长子岳兴阿被革职，次子玉柱被发往黑龙江当差。就这样，盛极一时的显宦之家，最终毁于一旦。隆科多悲愤至极，翌年死于禁所。

举人出身的首辅鄂尔泰

从对鄂尔泰的重用，可以看出雍正用人的不拘一格，因为在那个重"出身"的年代，举人的学历大概仅相当于现在的大专。但鄂尔泰很争气，他用自己的勤奋和能力证明了能力比学历更重要。

鄂尔泰，字毅庵，姓西林觉罗氏，满洲镶蓝旗人。康熙十九年（公元 1680 年）生。先人投归努尔哈赤，为世管佐领。祖父图彦突官至户部郎中，父亲鄂拜为国子祭酒。鄂尔泰 6 岁入学，攻读四书五经，8 岁开始作文，练习书法，16 岁应童子试，次年中秀才，19 岁补廪膳生，次年中举，即进入仕途。

鄂尔泰官运的转机是在雍正帝即位之时。雍正元年（公元 1723 年）正月，他被任命为云南乡试副主考，五月，被越级提升为江苏布政使，成为地方大员。雍正三年又晋升为广西巡抚。在赴任途中，雍正帝觉得他仍可大用，改封为云南巡抚，管理云贵总督事，而名义上的云贵总督杨名时却只管理云南巡抚事。所以，鄂尔泰在西南开始官职虽为巡抚，而实际上行使着总督的职权。

鄂尔泰历任封疆大吏和宰辅，对农田水利一贯比较重视。在江苏布政使任上，察太湖水利，议修吴淞、白茆，因迅速离任而未得实现。雍

正后期督巡陕甘时，规划屯田事宜，乾隆初年，巡视直隶河道，条奏开治之法。乾隆四年（公元 1739 年）阅视运河河道。鄂尔泰还在地方上推行耗羡归公等项政策，注意荒政、漕运。但是这些方面都没有做出明显成绩。他一生最有意义的政绩是在西南推行改土归流政策。

鄂尔泰作为封疆大吏和雍正帝的宠臣，还向朝廷贡献用人的意见。他对于才与德、能力与职务等关系以及如何识别人的贤佞等问题上，提出他的见解与建议。有时，他就雍正帝的提问和观点而展开讨论，他们君臣之间的议论，虽然是从那个时代的现实出发的，但在今天看来，还是饶有趣味的，因为他们的对话很精彩，时时流露出真知灼见。

雍正四年八月，鄂尔泰在论用人的奏折中写道：

政有缓急难易，人有强柔短长，用违其才，虽能者亦难以自效，虽贤者抑或致误公；用当其可，即中人亦可以有为，即小人亦每能济事。因材、因地、因事、因时，必为官无弃人，斯政无废事。

他强调，用人一定要得当，什么职务、什么差事，用什么样的人，人职相当，就能发挥人的才能，该办的事情就能办好。人尽其才了，职务就没有虚设。一个人是有才能的，又是有操守的，可就是不适合担任那种职务，而非要派他去做，他的才德不但不能发挥出来，反倒会把事情耽误了，这样既毁了人，又坏了事。他认为任用官员要人才与职务相适合，最终目的是要把事情办好——"政无废事"，就能把国家治理好。这是他考虑用人问题的出发点。

鄂尔泰的奏议引起雍正帝的极大兴趣，随即在他的奏折上写出一篇议论：凡有才具之员，当惜之、教之。朕意虽魑魅魍魉，亦不能逃我范围，何惧之有？及至教而不听，有真凭实据时，处之以法，乃伊自取也，

何碍乎？卿等封疆大臣，只以留神用力为要。庸碌安分、洁己沽名之人，驾驭虽然省力，唯恐误事。但用才情之人，要费心力，方可操纵。若无能大员，转不如用忠厚老成人，然亦不过得中医之法耳，究非尽人力听天之道也。

"用有才能的人"，这对于君主和大臣们来说，并没有异议。问题是有才能的人，可能有这样或那样的缺点，这样的人还可不可以用？用人者往往因此而不敢使用他们。雍正帝不这样认识问题，也不这样来处理对一个人的任免。他深知，有才能的人未免恃才傲物，看不起上司和同僚，从而与那些庸愚听话的人不同，不容易驾驭，但他认为不必惧怕他们，应当用心去掌握他们。在这里，尤需"惜之、教之"的思想，这是说人才难得，对已经涌现出来的干才，尽管他们有缺陷，也要爱惜，不能摧残。爱惜的方法之一，是对他们加强教育，帮助他们改正过失，以利充分发挥他们的才智。

鄂尔泰见到朱批后，具折陈述自己的意见：

可信、不可信原俱在人，而能用、不能用则实由己。忠厚老成而略无才具者，可信而不可用；聪明才智而动出范围者，可用而不可信。朝廷设官分职，原以济事，非为众人藏身地，但能济事，俱属可用，虽小人亦当惜之、教之；但不能济事，俱属无用，即善人亦当移之、置之。

他认为，国家设官定职，出发点是为了办好事，不是为用人，尤其不是为养闲人，谁能把事情办好就应当用谁，而不必管他是君子，抑或是小人。在这个前提下，对于有缺陷的能人加强教育，对不能办事的善人，或调换职务，或离职赋闲，让出缺位给有能力的人来干。他进一步说明和发展了雍正帝的使用有才能的人的思想主张，雍正帝看后大为欣

赏，称赞他的说理"实可开拓人的胸襟"。

归结起来，鄂尔泰与雍正帝的用人思想，第一个共同点是，以能力为旨归，大胆使用人才，而对有德无才的人，尽管可以信任，但不可重用，以免妨碍政事。在对德和才的要求上，他们把才摆在了第一位。第二个共同点是，对有缺点的人才，不因有才而放纵，而是加强对他的教育与管束，使他的才能发挥出来，防止他品德的缺陷败坏政事。第三，这样的用人原则是为办好国事，有利于国事者即任用，无利者不管他有什么值得重视之处，也不给予官职。国事第一，这个用人原则实有高明之处，处在封建时代的这对君臣，把社稷利益放在首位，而不是首先考虑同个人的关系、个人的好恶，实在是难能可贵的。对于人才"惜之、教之"的方针，是让人才从自身的负担中解脱出来，更好地施展他的才能，只有宽阔胸怀的政治家，才能具有这样了不起的思想和方针。就这一点而言，鄂尔泰可以进入政治家的行列了。

雍正朝被表彰实心办事、认真提参属员的督抚，有豫抚田文镜、晋抚诺岷、鲁抚塞楞额、浙抚李卫、粤抚杨文乾、赣抚迈柱，当然还有云贵总督鄂尔泰。鄂尔泰基于他对属员的了解，提拔了一批人，也参劾了一些人，大体上做到知人善任。雍正帝对鄂尔泰说："卿之识人，实越常人。"又说："卿之识人感人，朕实信及。"雍正帝在这方面对鄂尔泰的评价，反映了鄂尔泰善于识别人才的实际。鄂尔泰有着可贵的用人思想，并知人善任，正是这个原因，促成了改土归流事业的成功。

鄂尔泰的发迹，在于巧遇雍正帝，这种君臣际合，又同他的性格、智识密切相关。

鄂尔泰自 20 岁中举，即被召为侍卫。他的为政行事可以归结为两

条，一是信奉和讲求忠孝。雍正二年，他因侄子鄂昌、鄂敏同时中举，训诫他们说："吾家世德相承，延及后裔，惟忠孝二字，永矢终身，是所望耳。"以忠孝教子侄，亦以此自励。二是讲求实学治国。鄂尔泰在江苏布政使任上，对于士子，总觉着他们只会做八股文，而"实学尚少"，因而在考时文之外，加试古文辞。与士人交游，"辄与论经史，谈经济"。这两条，即忠君作为做人的根本，讲实学作为从政的指导思想。

鄂尔泰与雍正帝的最初接触，是在康熙年间任内务府员外郎时。那时作为雍亲王的雍正要求鄂尔泰为其办理分外之事，鄂尔泰以"皇子宜毓德春华，不可交结外臣"，加以拒绝。据记载，有一个暴戾的郡王，强命鄂尔泰替他办事，鄂尔泰不从，郡王将杖责之，他却说"士可杀，不可辱"，迫使郡王向他谢过。鄂尔泰守着一项原则：忠于国君，忠于职守，不趋炎附势，不畏强暴，哪怕危害自己也在所不惜。他有着刚正不阿的性格。雍正虽然碰过他的钉子，但认识到这是忠君的品质，对皇帝的统治有好处，所以即位之后，不但不记他的仇，反而鼓励他、称赞他："汝以郎官之微，而敢上拒皇子，其守法甚坚，今命汝为大臣，必不受他人之请托也"，鄂尔泰以正直守职而得到皇帝的赏识，被越级提拔为江苏布政使。

鄂尔泰受知于雍正帝，后来关系发展，如同家人父子、如同朋友。雍正帝不只是给他加官晋爵，和他讨论政事，斟酌用人，对他的恩赐也是少有的，诸如赐福字、追封三代，还特加优遇，与众不同。比如，雍正帝50大寿，群臣举觞庆祝，雍正帝未见到在昆明的鄂尔泰，心中不悦，特拣果饼四盘，专程送往云南，并说："朕亲尝食物寄来卿食，此如同君臣面宴会也。"鄂尔泰因而感到"受恩至此，无可名言，天地神明，

实鉴实察"。雍正帝在鄂尔泰的奏折上答道，他默祝"上苍厚土、圣祖神明，令我鄂尔泰多福多寿多男子，平安如意"。后来，鄂尔泰奏称，到云南后连得 2 子，已有 5 个儿子了，感谢皇上的祝愿和赐福。雍正帝回称，他的祝祷出于至诚，"今多子之愿既应，其他上苍必赐如意也"。鄂尔泰在西南期间，雍正帝对他的赏赐几乎无月无之，《襄勤伯鄂文端公年谱》对此种恩荣详加记叙，触目皆是。更有甚者，雍正帝不顾君臣之体，称鄂尔泰为朋友。雍正五年，鄂尔泰奏称他劝导新任云南巡抚朱纲如何忠诚于皇帝，雍正帝阅后批答道：

朕含泪观之，卿实为朕之知己。卿若见不透，信不及，亦不能如此行，亦不敢如此行也，朕实嘉悦而庆幸焉。

是年有所谓黄河清祥瑞，内外群臣上表称贺，其中鄂尔泰、杨名时的贺表不合规式，通政司照例题参，雍正帝却只让议处杨名时，而不及鄂尔泰，同一时间发生的同一性质的错误，何以有迥然不同的处理？雍正帝的解释是："鄂尔泰公忠体国"，是"纯臣"，"求之史册亦不多觏"，故不忍以小节而加处分，而杨名时"毫无亲君爱国之心，与鄂尔泰相去霄壤"，不能因宽待鄂尔泰而及于杨名时，所以仍对杨议处。可见，雍正帝偏袒鄂尔泰，已到了强词夺理的程度。

鄂尔泰的亲属亦得到雍正帝的特殊恩惠。鄂尔泰的长子鄂容，雍正帝在他中举后引见时赐名鄂容安，于雍正十一年（公元 1734 年）庶吉士未散馆时，被破例用为军机章京，"欲造就成材"。鄂尔泰的五弟鄂尔奇康熙间为编修，雍正帝因其兄而垂爱之，用为户部尚书兼步军统领，使之成为亲信大臣。鄂昌是鄂尔泰的长兄之子，雍正六年以举人而为户部主事，数年之间，历道员、布政使，至巡抚，飞黄腾达。然其为官"贪

纵"，并非杰出人才。鄂尔泰的三兄鄂临泰之女，经雍正帝指婚，配给怡亲王允祥之子弘皎，日后成为王妃。

鄂尔泰对雍正帝的感恩图报，也出乎常人。雍正五年五月，鄂尔泰得到雍正帝赐物，写奏谢折说他的心情："自念遭逢，虽义属君臣，实恩同父子，泪从中来，不禁复做儿女态。"同年九月的奏折又讲："（皇上）爱臣谆笃，臣之慈父；勉臣深切，臣之严师。"一再讲他们君臣的关系如同父子、如同师生，显见君臣关系之深。

鄂尔泰的趋奉雍正帝，更表现在他违心地助长雍正帝搞祥瑞。雍正帝崇信祥瑞，鄂尔泰则投其所好，每每以报祯祥取悦雍正帝。他频频奏称云贵出现诸如嘉禾、瑞鹤、卿云、醴泉等。雍正六年十二月鄂尔泰奏报：万寿节那一天，云南4府3县地方，出现"五色卿云，光灿捧日"，次日"绚烂倍常"。雍正七年闰七月，鄂尔泰又奏报，贵州思州和古州在一个月内祥云连续7次出现。有的官员不赞成鄂尔泰这样献媚，大理县刘知县说，我怎么看不到卿云啊，莫非是眼里眯了沙子？雍正帝很不满意这些说风凉话的官员，他说像鄂尔泰这样的督抚陈奏祥瑞，是出于强烈的爱君之心。雍正帝为支持鄂尔泰，即以卿云之报而给云贵官员普遍加官晋爵，鄂尔泰由头等轻车都尉授三等男爵，云南提督郝玉麟从云骑尉晋为骑都尉，其他巡抚、提督、总兵各加二级，知县、千总以上俱加一级。

鄂尔泰报"卿云"之前，曾静投书案发生。曾静指责雍正帝是谋父、逼母、弑兄、屠弟的大逆不孝的人，而古来传说，"卿云"现是天子孝的表现，鄂尔泰特意说是"皇上大孝格天"所致，歌颂雍正帝是大孝子，道德上没有缺陷。曾静投书案是一场政治斗争，鄂尔泰则以报"卿

云"支持雍正帝，希望皇帝取得政治上的主动。这实际是一种政治行动。鄂尔泰本人也知道祥瑞之说的荒诞，对奚落他的大理县刘知县不但不记仇，反而嘉许他的公直，向雍正帝推荐他。他不惜毁坏自己的名誉，假造祥瑞，为在政治上支持雍正帝，可见他的忠君之心。

乾隆帝即位后，鄂尔泰仍然高官厚禄，但君臣关系远不如前朝。特别是鄂尔泰与另一大学士张廷玉不和，各自引"门下士互相推奉，渐至分朋引类，阴为角斗"。鄂、张本在一室办公，面和心非，往往整天不说一句话，鄂尔泰有过失，张廷玉辄加讥讽，使鄂尔泰无地自容。他们的纷争，为乾隆帝所不能容忍。乾隆七年（公元1742年），鄂尔泰的门生、左副都御史仲永檀向鄂容安泄漏密奏留中事，狱兴，乾隆帝指责他"依附师门，有所论劾，无不豫先商酌，暗结党援，排挤异己"，将之囚禁致死，并革鄂容安职。对鄂尔泰虽无惩处，但下吏部议，以示警诫。

乾隆二十年（公元1756年），内阁学士胡中藻《坚磨生集》案发，胡诛死，与其唱和的鄂昌被株连自尽。胡中藻亦是鄂尔泰门人，乾隆帝指责鄂尔泰搞朋党，说如"鄂尔泰犹在，当治其植党之罪"。所以鄂尔泰晚年，君臣关系平常，致贻身后之咎。总起来说，鄂尔泰基本上实现了忠君思想，以此为雍正帝所知遇，晚年培植私人势力，"忠"上的缺陷，导致君臣关系大不如前。忠君在封建的道德观念中是最高的原则，是大节，鄂尔泰对于雍正帝是紧紧地把握了这一点，在大节上成了完人，就站住了脚，而且青云直上。注意大是大非，抓大事，鄂尔泰深知其中三昧，他说过："大事不可糊涂，小事不可不糊涂。若小事不糊涂，则大事必致糊涂矣。"他认识得很深刻，乃至同他有门户之见的张廷玉也说："斯言最有味，宜静思之。"表示佩服。清末钟琦在引述鄂尔泰这段话时，

赞扬说:"文端识量渊宏,规划久远,此数语大有阅历。"识大局,顾大体,是鄂尔泰一生的长处,虽然晚节有疵,但不影响他的大节。

乾隆十年(公元 1745 年)鄂尔泰病逝,终年 66 岁。乾隆帝亲临丧所致祭,谥文端,配享太庙,入祀京师贤良祠。11 年之后的乾隆二十年(公元 1755 年),因其侄鄂昌与门生胡中藻之狱,被撤出贤良祠。

新旧兼备的名臣张之洞

张之洞是晚清官场上的一个特例。他被列入清流又官运亨通，他因为处世圆滑既能得到慈禧的赏识，又能博得社会的美誉，他赞成维新、力倡洋务又不放弃守旧的立场，他是官场的不倒翁，是那个新旧混杂的时代一个新旧兼备的官场代表。

张之洞，号香涛，直隶南皮（今属河北）人，同治进士。他从步入仕途之始，就对朝中诸多问题持独到见解。早年在主持浙江乡试和任湖北学政、四川学政期间，取舍考生的标准便超越世俗，开风气之先，他重品行，重实学，志在扭转空疏学风，为国家培养人才。他不拘文字格式，考生考卷不合陈腐的清规戒律而被录取者甚多。唯义理悖谬者，虽只一两句话，必予黜退。他根据这一标准，大批有用人才脱颖而出。

光绪五年（公元1879年），张之洞补国子监司业，补授詹事府左春坊中允，转司经局洗马。同年，清廷因俄国侵占新疆伊犁，派左都御史崇厚赴俄国交涉索还伊犁。崇厚昏庸无知，与俄国签订了丧权辱国的《里瓦几亚条约》。这一条约名义上收回伊犁，但西境、南境被沙俄宰割，伊犁处于俄国包围的危险境地。消息传来，舆论大哗。群臣上疏，张之洞上《筹议交涉伊犁事宜折》，分析俄约有十不可许，坚持必改此

议，宜修武备，缓立约，并要求治崇厚罪。折上，被慈禧、慈安太后召见，特许其随时赴总理衙门以备咨询。他同张佩纶、陈宝琛共同起草奏折十九件，提出了筹兵筹饷、筹防边备的积极建议。光绪六年（公元1880年），清廷派曾纪泽赴俄，重订伊犁条约。

当时，张之洞、陈宝琛、张佩纶、黄体芳称翰林四谏，号为清流派。他们拥戴军机大臣、大学士李鸿藻为领袖，而实际上张之洞是清流派的首领。在中俄交涉事件中，张之洞的政治声望提高了，并且得到了慈禧太后的赏识。

光绪七年，张之洞受任山西巡抚，当时山西地方贫瘠，吏治腐败，灾荒连年，民生凋敝，但他没有沮丧，到任后从整肃吏治入手，采取多项措施，决心改变山西面貌，并开始涉足洋务，但因任期短暂，一切只处于初创阶段，但已可看出他破除陈规、锐意进取的爱国热忱，看出他不是一个尸位素餐的人。

光绪九年（公元1883年）底，中法战争爆发，张之洞奉调赴粤，任两广总督，当时抗法形势严峻，张之洞到任后，为筹备战守事宜，可谓竭智尽虑。他制定总体防务规划，协调内部关系，借款措置军需，尤其难能可贵的是，他破除地域之见，在自身财力窘迫的情况下，多方援助福建、台湾和云南的军事行动，并反复陈奏收编原天地会爱国武装黑旗军，黑旗军得以屡立战功，击溃西线法军；又启用老将冯子材，取得镇南关大捷，击溃东线法军，从而扭转整个战局。

中法战争使张之洞饱尝物力财力匮乏、军械不利不足之苦，因而更加坚定了他兴办洋务的决心。战后他开始建造军舰、筹办水师、创立军火工业、建立新式陆军广胜军，开设学校、建铸币厂……洋务运动全面

铺开。

光绪十二年，张之洞在广州创办广雅书局和广雅书院。广东原有端溪书院，在肇庆，他聘请梁鼎芬主持端溪书院，后来梁鼎芬率师生来到广雅书院。张之洞又聘朱一新到广雅书院主讲。当时梁鼎芬因弹劾李鸿章主和而获罪，朱一新因弹劾太监李莲英而降职。张之洞不怕非议，敢于延聘他们，显示了他的不凡气度。

光绪十五年（公元 1889 年），张之洞上奏朝廷，建议修筑一条卢汉铁路，自卢沟桥至汉口，以贯通南北。他认为铁路之利，以通土货厚民生为最大，征兵、转饷次之。他提出卢汉铁路是"干路之枢纽，枝路之始基，而中国大利之萃也"。朝廷准奏，计划北段由直隶总督主持，南段由湖广总督主持，南北分段修筑。于是，清廷调张之洞任湖广总督。

光绪十五年冬，张之洞到了湖北。他花了很大的精力办起军用工业和民用工业，首先是筹建汉阳铁厂。张之洞办企业，也曾闹过一些笑话。他致电驻英公使薛福成购炼钢厂机炉，英国梯赛特工厂厂主回答说："欲办钢厂，必先将所有之铁、石、煤、焦寄厂化验，然后知煤铁之质地如何，可以炼何种之钢，即以何样之炉，差之毫厘，谬以千里，未可冒昧从事。"张之洞大言曰："以中国之大，何所不有，岂必先觅煤铁而后购机炉？但照英国所用者购办一分可耳。"英国厂主只得从命。结果，机炉设在汉阳，铁用大冶的，煤用马鞍山的。马鞍山的煤，灰矿并重，不能炼焦，不得已只好从德国购焦炭数千吨。1890 ～ 1896 年，耗资 560 万两，还没有炼成钢。后改用江西萍乡的煤，制成的钢太脆易裂。张之洞才知道他所购的机炉采用酸性配置，不能去磷，钢含磷太多，便易脆裂。于是又向日本借款 300 万元，将原来的机炉改用碱性配置的机炉，

才制出优质的马丁钢。宣统元年（公元 1909 年），汉冶萍公司的经理叶景葵评论道："假使张之洞创办之时，先遣人出洋详细考察，或者成功可以较速，靡费可以较省。然当时风气锢蔽，昏庸在朝，苟无张之洞鲁莽为之，恐冶铁萍煤，至今尚蕴诸岩壑，亦未可知，甚矣功罪之难言也。"

汉阳铁厂是一个钢铁联合企业。光绪十九年（公元 1893 年）建成，包括炼钢厂、炼铁厂、铸铁厂大小工厂 10 个、炼炉 2 座，工人 3 000，采煤工人 1000。这是近代中国第一个大规模的资本主义机器生产的钢铁工业，而且在亚洲也是首创的最大的钢铁厂，日本的钢厂建设还比这晚几年。

张之洞还办了湖北织布局。光绪十八年（公元 1892 年）在武昌开车，纱锭 3 万枚，布机 1 000 张，工人 2 000。织布局是盈利的。但是张之洞却将织布局的盈利去弥补铁厂、枪炮厂的亏损，使织布局一直处在高利贷的压迫下，无从发展。

张之洞看到棉纱销路很广，便决定开设两个纱厂。他致电驻英国公使薛福成向英商订购机器。光绪二十三年（公元 1897 年）建成北厂，纱锭 5 万多枚，为湖北纺纱局。南厂一直没有建成，机器停放在上海码头任凭风吹雨打，后来张謇领去办了南通大生纱厂。湖北纺纱局、织布局、缫丝局、制麻局到了光绪二十八年（公元 1902 年）转租给广东资本家组织的应昌公司承办。

张之洞还创办了制砖、制革、造纸、印刷等工厂，还有湖北枪炮厂。他在湖北还注重兴修水利，光绪二十五年（公元 1899 年）前后修了三条堤。一条是武昌武胜门外红关至青山江堤 30 里，一条是省城之南的堤坝，自白沙州至金口江堤 52 里和一条从鲇鱼套起至上新河为止的 10

余里堤岸。这三条堤的修筑使常受洪水威胁的地区成为良田、市镇。

张之洞到了湖北，光绪二十年（公元1894年）调署两江总督，任期一年多。他十分重视湖北、江苏的教育，创办和整顿了许多书院和学堂。在湖北，有两湖书院、经心书院，又设立农务学堂、工艺学堂、武备自强学堂、商务学堂等；在南京，设储才学堂、铁路学堂、陆军学堂、水师学堂等。他派遣留学生到日本留学。在学堂、书院的学习科目方面，他针对社会需要有所改革，添增了一些新的学科。他也注意训练军队，在两江总督任职期内，他编练过江南自强军，人数逾万，地点在徐州，军官全部用德国人担任，采用西法操练。光绪二十二年（公元1896年），他回任湖广总督，将自强军交给两江总督刘坤一。

湖北由此成为全国经济文化中心之一，而且后来成为辛亥革命的摇篮。武昌起义中的领导人物很多都是张之洞培养的学生，正如孙中山所说，他可谓"不言革命的大革命家"。

中日甲午战争期间，张之洞调署两江总督，虽然也筹饷筹军械，但他练的军队没有发挥什么实际作用。朝廷旨调四艘兵舰，他致李鸿章电说："旨调南洋兵轮四艘，查此四轮既系木壳，且管带皆不得力，炮手水勇皆不精练，毫无用处，不过徒供一击，全归糜烂而已。甚至故意凿沉、搁浅皆难预料。"

甲午战争失败后，张之洞上《吁请修备储才折》，希望朝廷总结失败教训，变法图治。由于他慷慨激昂讨论国家振作，主张反抗侵略，又办洋务企业，因此维新派首领康有为在"公车上书"中称张之洞"有天下之望"，对这位封疆大吏抱有很大的希望和崇敬。谭嗣同也说："今之衮衮诸公，尤能力顾大局，不分畛域，又能通权达变，讲求实济者，要惟香帅一人。"这是当时维新派的共同看法。康有为组织强学会，张之洞表示赞助和同情，捐 5 000 两以充会费。帝师翁同龢也加入了强学会，当时有"内有常熟（翁同龢），外有南皮（张之洞）"之称，翁、张成了强学会的两大支柱。光绪二十一年（公元 1895 年）十一月，康有为南下到了南京，去拜谒张之洞，受到他的热情欢迎和接待。康有为准备在上海设强学会，推张之洞为会长，并代他起草《上海强学会序》。张之洞当时答应了。后来上海强学会成立时，请他列名，张复电说："群才会集，不烦我，请除名，捐费必寄。"他以会外赞助人的身份，捐款500 两，拨公款 1 000 两，表示赞同。上海强学会成员中有汪康年、梁鼎芬、黄体芳、屠仁守、黄绍箕，都和张之洞关系相当密切。但是，后来他看到慈禧太后采取了行动，逼令光绪帝封闭了北京的强学会和《中外纪闻》，便借口康有为谈今文经学、主张孔子改制说和他平素的学术主旨不合，停止捐款。

1896～1897 年，维新派在上海创刊《时务报》，梁启超主笔，汪康年为经理。张之洞以总督的名义，要湖北全省各州县购阅《时务报》，捐款千元，给予报纸以经济上的支持。后来，《时务报》发表了关于中国应争取民权的文章，使张之洞大不高兴。他授意屠仁守写了《辩辟韩书》，批判严复的《辟韩》一文，在《时务报》上发表。

陈宝箴任湖南巡抚后，湖南掀起了维新运动。他在湖南的新政，包括办厂、改革教育等，得到张之洞赞同。在张之洞的影响下，陈宝箴也命令全省各州县书院的学子阅读《时务报》。湖南成立南学会，创办《湘学报》、《湘报》，张之洞利用政治力量，推销《湘学报》于湖北各州县。自第十册起，《湘学报》刊载了关于孔子改制和鼓吹民权思想的文章，

这使张之洞大为不满。他致电陈宝箴，说《湘学报》议论悖谬，饬局停发。他还告诫陈宝箴说，这件事"关系学术人心，远近传播，将为乱阶，必宜救正"，对湖南维新运动施加压力。

光绪二十四年三月，张之洞刊行《劝学篇》。翰林院编修黄绍箕以《劝学篇》进呈。光绪帝发布上谕称是书："持论平正通达，于学术人心大有裨益，著将所备副本四十部由军机处颁发各督抚学政各一部，俾得广为刊布，实力劝导，以重名教，而杜危言。"由于清廷的赞许，这本书风行海内。张之洞自言其书主旨在"正人心，开风气"。所谓正人心，就是提倡三纲五常，维护君主专制制度，批判维新派的民权观。所谓开风气，就是学习西方办铁路、商务、矿务、学堂等，并没有超出洋务运动的范围，仍然是"中学为体，西学为用"的思想。

《劝学篇》的出版，受到守旧派的赞扬，遭到维新派的严厉驳斥。顽固派苏舆所编《翼教丛编》，收入了《劝学篇》中的几篇文章，并赞叹说："疆臣佼佼厥南皮，劝学数篇挽澜作柱。"章太炎则毫不客气地批评《劝学篇》上篇，"多效忠清室语"，宣扬封建的忠君思想。维新派梁启超评论此书道："挟朝廷之力以行之，不胫而遍于海内……何足道？不三十年将化为灰烬，为尘埃野马，其灰其尘，偶因风扬起，闻者犹将掩鼻而过之。"

在戊戌变法运动中，张之洞和维新派有较多的联系。他自己也是相当活跃的人物。张之洞曾让陈宝箴推荐杨锐和刘光第。杨锐是张之洞的弟子和幕僚，到京后，与张之洞保持密切联系。后来杨锐、刘光第以四品卿衔任军机章京，参与要政。光绪二十四年闰三月，张之洞奉调晋京，因湖北沙市发生焚烧洋房事件，中途折回。八月，在慈禧太后发动政变前夕，陈宝箴奏请光绪帝速调张之洞入京"赞助新政"，但未成。日本伊藤博文游历到北京，对总署说："变法不从远大始，内乱外患将至，中国办事大臣，唯张香涛一人耳。"不久，慈禧太后发动政变，杀害了"六君子"，百日维新失败。张之洞急电挽救他的得意门生杨锐而不得，为此，他深感痛惜。

　　清廷在经过了八国联军侵略北京的战争以后，不得不"变通政治"，于光绪二十七年（公元 1901 年）三月成立督办政务处，湖广总督张之洞和两江总督刘坤一"遥为参预"。五月、六月，张之洞会同刘坤一连续上了三道奏折：《变通政治人才为先遵旨筹议折》、《遵旨筹议变法谨拟整顿中法十二条折》、《遵旨筹议变法谨拟采用西法十一条折》。这就是有名的《江楚三折》。第一折，是关于办学堂、废科举事，提出设文武学堂，酌改文科，停罢武科，奖励游学等建议。第二折，言整顿中法，提出了崇节俭、破常格、停捐纳、课官重禄、去书吏、去差役、恤刑狱、改选法、筹八旗生计、裁屯卫、裁绿营、简文法等建议。在这个奏折中说："近日民情，已非 30 年前之旧，羡外国之富而鄙中土之贫，见外兵之强而疾官军之懦，乐海关之平允而怨厘金之刁难，夸租界之整肃而苦吏胥之骚扰，于是民从洋教……乱民渐起，邪说乘之，邦基所关，不胜忧惧。"这里反映了西方列强入侵中国的深度和毒害，也反映了中国人民痛恨清朝政治腐败的程度和心理。第三折言采用西法，提出了广派游历，练外国操，广军实，修农政，劝工艺，定矿律、路律、商律、交涉刑律，用银圆，行印花税，推行邮政，官收洋药，多译东西各国书等建议。在这个奏折里，他说："施之实政则不至于病民，至若康有为之邪说谬论，但以传康教为宗旨，乱纪纲为诡计，其实与西政、西学之精要，

全未通晓，兹所拟各条皆与之判然不同。"他还特地申明他采用的西法内容和实质同康有为维新派的毫不相同。

《江楚三折》仍是张之洞"中学为体，西学为用"思想的具体化，在不变更君主专制制度的前提下，学习西方的一些先进的管理方法。虽则如此，但改革的一些项目，如废科举、兴学堂、奖励留学、设商部学部、兴办实业等是有利于资本主义发展和新文化传播的。

光绪二十七年（公元 1901 年）十月，张之洞被赏加太子少保衔。次年十月，他上《筹定学堂规模次第兴办折》，提出兴办各类学堂，包括师范、小学、文普通中学、武普通中学、文高等学堂、武高等学堂、方言学堂、忠学堂、工学堂、勤成学堂、仕学院、省外中小学、蒙学等。两年后，张之洞奉旨入京，清廷批准张之洞等《奏定学堂章程》，这是中国近代第一个以法令形式公布的在全国范围推行的学制。当时称为"癸卯学制"。内容是把普通教育分为初等、中学、高等三级，修业期长达 25 年；与此并行的还有师范教育和实业教育。光绪三十一年（公元 1905 年）九月，张之洞奏请停止科举，以兴学校。清廷诏准，自翌年始，所有乡试、会试及各省岁考一律停止，一切士子皆由学堂出身，结束了 1300 多年的科举制度。

废科举、兴学校是中国近代教育史上的一件大事，张之洞在这方面的提倡和努力，在客观上是有利于资产阶级新文化的传播。

清廷眼看资产阶级革命派势力愈来愈大，为了维护其统治，拉拢资产阶级，欺骗全国人民，便声称"预备立宪"。光绪三十一年（公元 1905 年）派出五大臣出国考察各国宪政。第二年宣布官制改革，编纂宪法大纲。对于"预备立宪"，一开始，张之洞听到一些风声，感到惊

讶，等到五大臣回国到上海，征求他意见时，他回电说："立宪事关重大，如将来奉旨命各省议奏，自当竭其管蠡之知，详晰上陈，此时实不敢妄参末议。"态度暧昧。他对外官改制更持反对态度，认为"若果行之，天下立时大乱"，还说："事关 200 余年典章，21 省治理，岂可不详慎参酌，何以急不能待，必欲草草尔定案耶？"

清廷通过官制改革，欲加强皇权，削弱地方官吏的权力，便把当时地方督抚中权力最大的袁世凯和张之洞调到北京。光绪三十三年（公元 1907 年）六月，张之洞由协办大学士充体仁阁大学士，七月入京，补授军机大臣，兼管学部，这时，张之洞年已 71。清廷四面楚歌，处境危急。张之洞到了北京，竭力为清朝的腐败政治补苴罅漏。为了应付日益高涨的"革命排满"的形势，他再次向慈禧太后提出"化除满汉畛域"，说："欲御外侮，先靖内乱，抗原扼要，唯有请颁谕旨布告天下，化除满汉畛域。"

光绪三十四年（公元 1908 年）十月，光绪帝、慈禧太后相继死去，溥仪即位，改年号宣统。醇亲王载沣以摄政王监国，满族亲贵乘机集权，排斥汉官。袁世凯是当时权势显赫的汉族大官僚，加上戊戌变法时出卖光绪帝，为载沣等皇族亲贵所忌恨。于是，载沣等密谋杀袁。对此，张之洞表示反对，认为"主少国疑，不可轻于诛戮大臣"。

六月，张之洞病重。八月，奏请开去各项差额，摄政王载沣亲临探视。旋即，张之洞在哀叹"国运尽矣"声中去世。清廷谥以"文襄"。

奇异统治下的奇人异事

清王朝曾经创造了一个又一个的政治、军事奇迹，同时，在这个特殊朝代，也发生了许多奇异的事，出现了许多奇异的人，这些人和事在今天看来有的很有趣，有的很可笑，有的很无奈，还有的则成了永远不可能解开的谜团。其实，任何奇人奇事都有其出现、发生的社会背景和现实基础，揭开奇的表象，探究其背后的秘密，才是更有意义的事情。

一身谜团的顺治皇帝

皇帝出家当和尚，这是一个轰动了几百年的旧闻，至今仍为人津津乐道。在本书的有关帝王的章节里没有提到顺治皇帝，因为他和宣统一样年幼即位，且一直生活在多尔衮的阴影下，政治上没有什么作为。他之所以也能成为清朝皇帝中明星级的人物，应该说全赖这一段历史谜团之赐。

关于顺治出家，主要有两种说法。

一是说顺治并非在 24 岁亡于天花，而是在这一年脱去龙袍换上袈裟，于五台山修身向佛，并于康熙五十年（公元 1711 年）左右圆寂。期间，康熙皇帝曾经数次前往五台觐见父亲，但都没有得到顺治的相认，所以康熙才会写出"文殊色相在，唯愿鬼神知"的诗篇。至于其出家的原因，则是因为爱妃董鄂氏，也就是被掳献进宫的江南名妓董小宛的去世。选择五台山修行，则是因为梦见董小宛在那里。这种说法的有关记录，主要存在于《顺治演义》、《顺治与康熙》等野史和文学作品中。尤其是当时著名才子吴伟业（梅村）写的一组《清凉山赞佛诗》，诗文影射顺治在五台修行，并用"双成"的典故和"千里草"代指"董"姓。由于吴伟业的诗素有"史诗"之称，他苦恋着的又是与董小宛齐名、才

高气傲的名妓卞玉京，所以信者云云。而这一切，都可以在五台山找到相关的附会。

另一种说法，来自《大觉普济能仁国师年谱》、《旅庵和尚奏录》、《敕赐圆照茆溪森禅师语录》、《北游集》、《续指月录》等僧侣书籍的记载。在这些书里记载着，顺治曾经在十七年（公元1660年）十月中旬于宫中，由湖州（浙江吴兴）报恩寺和尚茆溪森为其举行了净发仪式。但剃了光头本已出家的顺治，又在茆溪森的师父、报恩寺主持玉林琇的谆谆诱导和要烧死茆溪森的胁迫下，回心转意，蓄发留俗了。

如此，我们首先需要搞清的，是顺治帝在24岁那年，是不是真的去世了。

中国第一历史档案馆，藏有明朝、清朝遗留的原始档案1000余万件。在这些珍贵的历史资料中，最受其时皇家尊崇保护的，是《实录》、《圣训》和《玉牒》。它们在漫长的清朝统治时期，被单独保护在皇史宬（位于北京南池子）的金匮里，由专职守尉看护。其中的《实录》，是由即位的皇帝组织人员，依据各种文书档案，按照年月日的顺序，为去世的皇帝编写的事实记录。由于精心的保护，《清世祖实录》金黄色的绫面到现在还像新的一样。在该《实录》卷一百四十四，这样记录着：

"顺治十八年，辛丑，春正月，辛亥朔，上不视朝。免诸王文武群臣行庆贺礼。孟春时享太庙，遣都统穆理玛行礼。壬子，上不豫……丙辰，谕礼部：大享殿合祀大典，朕本欲亲诣行礼，用展诚敬。兹朕躬偶尔违和，未能亲诣，应遣官恭代。著开列应遣官职名具奏。尔部即遵谕行。上大渐，遣内大臣苏克萨哈传谕：京城内，除十恶死罪外，其余死

159

罪，及各项罪犯，悉行释放。丁巳，夜，子刻，上崩于养心殿。"

这段话的意思是：在顺治十八年正月初一，顺治帝免去群臣的朝贺礼仪，而且当日应该举行的春季第一月祭祀太庙的礼仪，也派官员前往。初二日，顺治帝身体不适。初六日，顺治帝传谕，应该由自己参加的大享殿礼仪，因为身体不适，需要派官员代祀，让礼部列出代祀官员的名单，并且因为病情迅速加剧，又传谕赦免京城内十恶死罪以外的一切罪犯。初七日的凌晨相当于现在零点到一点这段时间内，顺治帝就去世了。

另外，档案馆还存有顺治皇帝的《遗诏》。该《遗诏》长 548 厘米，宽 93 厘米，黄纸墨迹，卷轴状保存。遗诏中，顺治皇帝对自己渐习汉俗、早逝无法尽孝、与亲友隔阂等事做了自责，同时宣布由 8 岁的儿子玄烨即皇帝位。这份遗诏，由于充满了自责，使不少人猜度它并非出自顺治帝，而是出自顺治帝的母亲孝庄皇太后，因为自责的内容，多是皇太后对顺治帝的不满之处。但仅以自责内容就判定《遗诏》并非出自顺治帝，也有些牵强。因为如果沿着顺治帝的成长轨迹去摸索他的思想感情基础和思维方式，这种自责也并非解释不通。

首先，顺治是一个初主中原的满族皇帝，对这片土地与人民、生活与文化充满陌生，要实施统治，就不得不尽力熟悉与适应它，并且迅速地背离自身的传统，这是一种深深的矛盾困扰，其自责在情理之中。另外，顺治早年曾深受德国传教士汤若望的思想影响，一度笃信基督教，形成了感恩所得、自我忏悔的性格。在位期间，他经常把各种灾害或者动乱归于自己的"政教不修，经纶无术"，屡次下诏自责，并要求各种文书不能称自己为"圣"。在十六年（公元 1659 年）正月讨平李

定国实现一统大业后，面对各种举行祝贺的请求，他冷淡地说能有今天的这种事业，并不是自己的德行所能实现的，拒绝贺礼。十七年（公元1660年），在祭告天地、宗庙时，他对自己在位的17年做过简单的总结，通篇是自谴自责之词，并且下令暂时中止官员上给自己的庆贺表彰。这些史实都可以在《清世祖实录》中翻看到。所以说，这份《遗诏》充满自责，也并不完全违背顺治皇帝的思维方式。

由此，关于顺治帝在24岁这年离宫出家、朝廷以其病逝为托词的猜度，不过是一个充满想象力的传奇故事而已。但顺治帝在十七年（公元1660年）十月，于西苑（中南海）万善殿，由茆溪森和尚为其举行了皈依佛门的净发仪式，则是史实。只不过剃光头发意欲出家的顺治帝，最终在茆溪森的师傅玉林琇谆谆规劝和要烧死茆溪森的压力下，又决定留俗了。这一史实的记载虽然不见于官方档案，但广泛见于本文上述的僧侣著作中。这些著书立说的僧侣，都是被顺治帝邀请入宫阐释佛法的著名人士。由于他们在记述净发的时期内，生活在顺治帝的周围，而且是各自著作中的分别记录，所以具有极强的真实性，因此普遍为史学研究者所认可。在关于规劝顺治还俗的语录记录中，最被人称道而且看起来最见效的一段劝导是，面对顺治帝的提问——佛祖释迦牟尼和禅祖达摩，不都舍弃王位出家了吗？玉林琇回答，他们是悟立佛禅，而现在从出世法来看，最需要您在世间护持佛法正义，护持一切菩萨的寄身处所，所以，您应该继续做皇帝。正是这段规劝，最终令顺治帝回心转意，蓄发还俗了。

我们现在需要寻找的，是顺治帝出家行为的思想感情基础。

顺治在宫中净发出家，其首要原因，是受佛教思想的深刻影响。

顺治在宫中净发出家，其另一个原因，是感情上受到了重创——他的爱妃董鄂氏去世了。

据《清史稿·后妃传》记载，董鄂妃是内大臣鄂硕的女儿，在顺治十三年（公元1656年）的夏天，年已18岁的时候，入宫侍奉顺治帝。再据《清世祖实录》卷一百二记载，夏天入宫的她，在七月份就准备立妃。卷一百三记载，在八月二十二日，则被正式册立为贤妃。册文中顺治帝称赞她"性资敏慧，轨度端和"。在九月二十八日，又越过"贵妃"这一级别，准备立她为"皇贵妃"了。卷一百五，则对十二月初六日举行的正式册礼，进行了详细的记录。册文中，顺治帝再次称赞董鄂妃"敏慧夙成，谦恭有度，椒涂敷秀，弘昭四德之修"，并且为了这次册立，颁发诏书，大赦天下，将自己喜悦的心情推到了全国。该诏书长190厘米，宽93厘米，目前仍然完好地保存在中国第一历史档案馆。

这样，董鄂氏从入宫到晋升为等级最高的嫔妃——皇贵妃，不过用了半年的时间，况且因其册立之事还颁发了大赦诏书。颁诏这种礼遇，通常只发生在册立皇后的时候。不过她确也做了皇后——是在死后被追封的，时间是顺治十七年八月二十一日（公元1660年9月25日）她病逝后的第三天，谥号为"孝献庄和至德宣仁温惠端敬皇后"。

这个时候，顺治的皇后尚在位上，那是孝惠皇后，是科尔沁贝勒绰尔济的女儿，名叫博尔济吉特氏。这位经历了董鄂妃的被宠幸而险些被废的孝惠皇后，一直活到康熙五十七年（公元1718年）才去世，享年77岁。这样，如果取谥号的前两字，董鄂妃又是"孝献皇后"；取后两字，也就称"端敬皇后"了。

　　董鄂妃的去世，令顺治帝非常难过。在《清世祖实录》卷一百三十九记载，去世的当天，顺治帝传谕，亲王以下，满汉四品官员以上、公主、王妃以下命妇等人，全部聚集到景运门哭临，这就是全部的皇亲国戚了。而移送梓宫的时候，这些人又必须随同护送。卷一百四十记载，顺治帝为董鄂妃的去世辍朝 5 天，穿了 12 天的丧服，朝廷官员和命妇们为此穿的丧服，直到 27 天才被允许脱下。卷一百四十二记载，到了百日祭奠这天，又是诸王以下、文武官员以上、公主王妃以下、各官命妇以上，全部齐集举哀。另外从他亲撰的 4000 字的《端敬皇后行状》里我们可以看到，他借小小的笔端，用日常生活串起了董鄂妃的优良品行，并倾注了自己的绵绵爱意。如此不同寻常的晋升速度和如此不同寻常的礼遇，只说明，顺治深深爱着这位董鄂妃。

　　综上所述，顺治帝在十七年（公元 1660 年）十月，因佛教信仰的影响和爱妃董鄂氏去世的刺激，于西苑（中南海）万善殿，举行过皈依佛门的净发仪式，但不久即决定蓄发留俗。时隔两月余，在十八年正月初七日子刻，顺治帝因罹患天花，病逝于紫禁城内的养心殿，终年 24 岁。其火化后的骨灰，被安葬在位于河北遵化市的清孝陵。这当是可信的事实。

关于乾隆身世的真假传闻

　　清王朝几乎无帝不成谜，乾隆的身世是又一个谜团。其实，稍有头脑的人就看出，乾隆是汉人的说法有太多的破绽，那不过是一心复辟的明朝遗民们美好的愿望罢了。

　　相传，海宁有位盐商叫陈世倌，俗称陈阁老，在康熙年间入朝为官，与雍亲王一家常有往来。这年，恰好雍亲王和陈阁老的两家夫人分别生了孩子，而且是同年同月同日。某日，雍亲王让陈家把孩子抱入王府看看。可是，当送出来时，陈家老少个个目瞪口呆起来，自家的胖小子竟变成了小丫头。陈阁老掂量出此事性命攸关，劝全家忍气吞声算了。那换入王府的胖小子，就是后来的乾隆大帝。

　　这个故事一出笼，乾隆是陈阁老的儿子的说法便越传越广，越讲越真。民间流传说，乾隆当上皇帝后六下江南，目的就是探望亲生父母。而他六次南巡竟有四次在陈阁老的私家园邸停驾暂住，这是明显的"假公济私"，为的是看望自己的亲爹亲妈。对所谓的雍正换出去的那个女儿，在江浙一带的传闻中也有"交代"。据传，这位皇家的金枝玉叶，被陈家抱回江南后，好好抚养，长大后嫁给了大学士蒋廷锡之子蒋溥。这蒋家是常熟的大姓，雍正女儿所住的那栋楼，后人就叫作"公主楼"。

这故事有名有姓，有鼻子有眼，对男女主人公各有交代，让人听了既感神奇，又不由得不信。

传说中，还夹杂着实物。有人说海宁陈家有乾隆亲笔题写的两块堂匾，一块是"爱日堂"，一块是"春晖堂"。"爱日"也好，"春晖"也罢，用的都是唐朝孟郊诗"谁言寸草心，报得三春晖"这一典故。乾隆若不是陈家之子，谈得上报答父母如春晖一般的深恩吗？

若照此说来，乾隆便是朝臣陈世倌的儿子，他竟完全成了一个汉人皇帝了！果真如此，则清朝自乾隆以后的皇室，就成了汉满混血血统了。

说乾隆是一个被偷换的汉家男婴，最早提出这种说法的是晚清天嘏所著的《清代外史》，书中一个醒目标题便是《弘历非满洲种》。弘历是乾隆的名字。这本书还说，乾隆知道自己不是满族人，因此在宫中常常穿汉服，还问身边的宠臣自己是否像个汉人。应该说，这本书是没有什么根据的。在为反清排满大造舆论的晚清时期，极力诋毁清朝皇帝，大力渲染清宫秘闻是常事，这在当时的历史背景下带有浓厚的政治气味。但这些带有感情色彩的发泄决不等于就是事实。

就在反清排满者制造清宫秘闻硬说乾隆是以凤换龙的汉家男孩时，又有小说家出来凑热闹。首先登场的是名噪一时的鸳鸯蝴蝶派大家之一的许啸天。1925 年在上海出版的许啸天名著《清宫十三朝演义》，从爱新觉罗始祖布库里雍顺，一直写到宣统大婚。关于乾隆家世，书中说：乾隆原是陈阁老的儿子，被雍正妻子用调包计换了来，乾隆长大后，从乳母嘴里得知隐情，便借南巡之名，去海宁探望亲生父母，但这时陈阁老夫妇早已去世，乾隆只得到墓前，用黄幔遮着，行了做儿子的大礼。

许啸天编写的虽是百年前的乾隆故事，却融入了上海滩十里洋场的韵味，再加上文笔如行云流水般地自然生动，因而十分投合市井小民的胃口。随着《清宫十三朝演义》的风靡一时，乾隆是海宁陈阁老之子的说法更是不胫而走，广为人知。这便是俗文化的厉害！

近些年来，有关乾隆是海宁陈家之子的传闻仍然接连不断地闯入文艺作品，其中影响最大的便是武侠小说大家金庸的《书剑恩仇录》。金庸就出生在浙江海宁，从小听的就是有关乾隆的种种传说，他的第一部武侠小说《书剑恩仇录》，便是紧紧围绕着乾隆的身世之谜展开的。在金庸的笔下，当时江湖最大的帮会——红花会的总舵主于万亭秘密入宫，将乾隆生母陈世倌夫人的一封信交给乾隆，信中详述当年经过，又说他左腿有一块朱痣。待于万亭走后，乾隆便把幼时喂奶的乳母廖氏传来，秘密询问，得悉了自己的家世真情：当年，陈世倌的小孩被抱进雍亲王府，"哪知抱进去的是儿子，抱出来的却是女儿。陈世倌知是四皇子掉了包，大骇之下，一句都不敢泄漏出去"。金庸在书中还写到了陈世倌的三公子即所谓的乾隆的亲弟弟陈家洛。陈家洛继于万亭之后成为红花会会主后，期望激发哥哥乾隆的汉族意识，共同成就恢复汉家天下的宏业，而热恋着陈家洛的回部香香公主则牺牲了自己的爱情，身侍乾隆，欲助自己恋人一臂之力，不幸事败自刎，葬于"香冢"。金庸的小说精彩纷呈，使乾隆是海宁陈家之子的说法传得更广了。

传说这么多，传闻这么广，乾隆究竟是不是海宁盐商陈阁老的儿子？

首先让我们看看，把乾隆是海宁陈家之子的故事写得出神入化的金庸先生是怎么说的。金庸曾老老实实地告诉痴心的读者们：《书剑恩仇录》中所谓的乾隆的弟弟"陈家洛这人物是我的杜撰"。他并且声明："历

史学家孟森做过考据，认为乾隆是海宁陈家后人的传说靠不住。"金庸还俏皮地说："历史学家当然不喜欢传说，但写小说的人喜欢。"

金庸说的是实话，历史学家孟森考证认为，乾隆是"以女易男"的说法根本靠不住，所谓的"公主楼"根本就不存在。至于人们所说的海宁陈家的房舍中有"爱日堂"、"春晖堂"两块皇帝御书的匾额一事，孟森首先肯定确有其事，但考证的结果是，两块匾额都是康熙御书赏赐的，分别是康熙三十九年（公元 1700 年）和五十二年（公元 1713 年）。根据陈家在朝中做官的侍读学士陈元龙、陈邦彦的奏请，题写后赏赐其父母的，而不是乾隆写的。

还在 20 世纪初期，一些满族人对街谈巷议中关于乾隆是汉人的说法就十分反感。当时有个叫富察敦崇的旗人，专门写了一本《皇室见闻录》，他在书中质问："以雍正之英明，岂能任后宫以女易男？"书中谈到，皇孙诞生，按例王府要立即差派太监，先到内奏事处口头上报，再由宗人府专门写折子奏报皇上，以备命名，岂能拖了几天甚至几个月还没有申报的？若是雍亲王府已按时申报生的是女孩，又怎能过了几天又改为是男孩？由此一点，即可证明传说的谬误。

再看看清宫档案的有关记载。所谓的陈阁老，也就是陈世倌，在乾隆六年（公元 1741 年）升任内阁大学士不久，就因为起草谕旨出错被革职，乾隆斥责他：少才无能，实不称职。如此一点情面不留，别说是生父，就是普通的前朝老臣也很少受到这样的奚落。

更重要的是，根据清朝皇室的家谱《玉牒》记载，乾隆降生时，雍正的长子、次子虽然已幼年早死，但第三个儿子已经 8 岁，另一个王妃过了 3 个月又添了一个儿子。而且，这时的雍正才 34 岁，正当壮年，

他怎会在已经有一个 8 岁的儿子，另一个王妃又即将临产的情况下，急急忙忙、偷偷摸摸地用自己的女儿去换陈家的儿子？这于情于理都是说不通的。再退一步讲，那时的雍正连自己都不知道能不能登上未来的皇位，又怎么知道陈家的儿子就是个有大福的人？

至于乾隆为什么六下江南，有四次到海宁，而且每次都住在陈家私园，据档案记载，乾隆南巡到海宁，主要是视察耗资巨大的钱塘江海塘工程。当年，康熙也曾六次南巡，但只是到杭州。到乾隆时，海潮北趋，海宁一带潮患告急，而海宁大堤一旦冲破，苏州、杭州、嘉兴、湖州这一带全国最富庶的地区势必被淹，到那时将会严重影响国家的税收和漕粮的征收。乾隆从"海塘为越中第一保障"的认识出发，四次亲临海宁，检查海塘工程，终于建起海潮屏障鱼鳞石塘，其中有的地段至今完好，仍然起着挡潮防患的作用。而在当年乾隆巡视时，在偏僻的小县海宁，实在找不出比陈家私园更体面的接驾的地方。乾隆在陈氏家园住过四次，但对陈家子孙却一次也没有召见过，更谈不上传说中"升堂垂询家世"的事了。

乾隆的身世说完了。透过大内档案，我们看到，所谓乾隆是山庄丑女所生，或者本是陈阁老儿子的民间说法，都是站不住脚的。作为野史，这些说法都很传奇，很有吸引力；作为戏说，也可以写进小说拍成电视剧。但可惜的是，都没有史实根据，都不能当成历史事实来相信。关于乾隆究竟生在哪里的问题，是在北京的雍和宫，还是承德的避暑山庄？档案文献向我们披露，乾隆自己一直强调是生在雍和宫，嘉庆和道光虽然一开始曾持避暑山庄说，但后来又都坚定地改为雍和宫说。而持避暑山庄说的人也没能提出强有力的证据。这样，是否可以说，从乾隆到嘉庆再到道光这三朝的档案最终证实：乾隆皇帝生在北京的雍和宫。

雍正皇帝的秘密立储创举

一个创举被后代子弟百年遵循，本身就说明这个创举确实高明，能解决实际问题，在这一点上雍正皇帝实在了不起，他创立的军机处和密折制度理顺了外朝的管理，秘密立储制度则给经常被皇位搅得鸡飞狗跳的皇宫带来了安宁。

从皇位传承的模式上看，在康熙皇帝之前，清太祖努尔哈赤的儿子皇太极，是通过八王共制的推选制度继承汗位的。皇太极的儿子福临，基本上也是采用推选制即位的。康熙皇帝幼龄即位，则是孝庄皇太后决策并取得顺治皇帝福临的同意。在他们即位的前前后后，都存在着激烈而复杂的权力斗争，虽然最终避免了统治集团内部的分裂，但由皇权传承而引起的强烈政治震荡，在很大程度上影响着清朝统治的稳固和行政效率。

康熙皇帝是一位深受儒家文化影响的帝王，他很早即发现了缺乏规则的皇位传承，不利于皇帝的集权和封建政权的巩固。此时，又恰逢平定三藩之乱的艰难时刻，康熙皇帝几欲亲征的决心和计划，为其推出嫡长子继承制提供了契机。康熙十四年（公元 1675 年）六月宣布以年仅 2 岁的"嫡子允礽为皇太子"。允礽在嫡子中虽排行第二，但因他的同胞哥哥夭折，遂位序第一。是年十二月十三日举行了清朝第一次立储大典，翌日，颁诏天下："授允礽以册宝，立为皇太子，正位东宫，以重万年之统，以系四海之心。"

但令康熙皇帝没有想到的是，在"一人之下万人之上"环境中成长起来的皇太子，日益显现出褊狭、暴戾、焦躁的性格特征。特别是随着年龄的增长，客观上他成为其他成年皇子觊觎皇位的首要攻击目标，而其门人和自己也越来越不能安于长期处于储君的地位了。因此围绕皇太子形成了太子党和与之对立的由部分皇子组成的反太子党。

太子党肆恶虐众，贪渎纳贿，对皇权产生了威胁；反太子党寻机攻讦，最终导致了康熙皇帝两立两废皇太子的失败结果，从此他再未明立皇储。但康熙皇帝已经不能遏制皇子们谋取皇位的野心了。乃至后来的雍正皇帝胤禛，在他继承皇位的同时，也背负了阴谋篡位的恶名，留下了千古之谜。使得雍正的地位长期不得稳固。

雍正皇帝即位后，从自己争夺皇位的亲身经历中吸取了教训，建立了"秘密立储"制度。在《雍正起居注》中记载了雍正元年（公元1723 年）八月十七日的谕旨。是日在乾清宫西暖阁面谕总理事务王大臣、满汉文武大臣、九卿："我圣祖皇帝……命朕缵承统绪，于去年十一月十三日，仓促之间一言而定大计。……圣祖之精神力量，默运于事先，贯注于事后，神圣睿哲高乎千古帝王之上，自能主持，若朕则岂能及此也。……今朕诸子尚幼，建储一事必须详慎，此时安可举行。然圣祖既将大事托付于朕，朕身为宗社之主，不得不预为之计。今朕特将此事亲写密封藏于匣内，置之乾清宫正中世祖皇帝御书正大光明匾额之后……以备不虞。诸王大臣咸宜知之。或藏数十年亦未可定，尔诸王大臣等当

各竭忠悃辅弼朕躬……（诸臣表示无异议后）留总理事务王大臣将密封锦匣收藏于正大光明匾额后……"

向王大臣、九卿表明不再公开立皇太子，而将立皇太子的秘密谕旨由王大臣见证藏在匣内，放于乾清宫"正大光明"匾后，待皇帝驾崩时御前大臣共同拆启，当众宣布传阅，即刻确定获得提名的皇子的帝位。正所谓公同手启，立定大统。

关于秘密立储，有学者认为康熙皇帝已有计划，但计划未及实施。姑且不对此说进行辨析，仅就清代的秘密立储制度而言，无疑是雍正皇帝确立的。这种立储形式其实也并非清朝皇帝首创。据《旧唐书》卷一百九十八《波斯传》载："其王初嗣位，便密选子才堪承统者，书其名字，封而藏之。王死后，大臣与王之群子发封而视之，奉所书名者为主焉。"康熙与雍正作为饱读经史的帝王，对古今帝王术绝对是留心的，他们都可能留意过这条记载，只不过实际情况是雍正皇帝成了这种秘密立储制度的实践者。

秘密立储因为不过早地宣布皇位继承人，也不因循嫡长子继承制，所以有心帝位的皇子，从理论上说都有机会。他们心存希望，在不知父皇好恶的情况下，便会努力用帝王的标准来塑造自己的形象，以求将自己的名字简于帝心。同时，还因为没有明确的竞争目标，所以也不可能发生形成庞大政治集团的结党行为。此法虽不能彻底消弭统治者内部争夺帝位的斗争，却避免了公开确立皇储所造成的皇子之间的血腥争斗，以及储权对皇权的威胁，减弱了帝位之争的激烈程度，使得皇权得以平稳过渡，也使以后的皇权斗争变得温和、充满计谋。

掉到老农头上的顶戴

"朕就是这样汉子",这句话本身就体现出雍正皇帝的特立独行,认准了的事敢作敢为的风格。他为了重农,鼓励勤劳肯干的老农,竟然赏给八品官的"荣誉",真是无所不用其极。一位农民伯伯穿戴八品官服在烈日下耕作,实在是前无古人、后无来者的天下奇观。

雍正二年(公元1724年)二月初九,雍正向各省督抚发了一道上谕,其中说道:"朕自即位以来,无刻不关心农民。但因国家休养生息数十年以来,户口日繁,而土地却只有这么多,所以,除非率天下农民竭力耕耘,加倍收获外,要想家给人足是不成的。《周官》所载古有巡稼之官,以劝课农桑,这是为课农而设的;现课农虽无专官,但自督抚以下谁不兼有此任?希望督抚要督率地方官,悉心劝导,且不时咨访民间疾苦,有丝毫妨碍农事者,一定除去。另外,你们要在每乡中选出一二勤劳肯干的老农,从优奖赏,以示鼓励,如此,则农民知勤而惰者可被感化了。"同月二十日,雍正又补充上述谕旨道,朕以为四民中以士为首,农次之,工、商又次之,今士子读书,砥行学成入仕,国家荣之以爵禄。而农民勤劳苦作,手胼足胝,以供租赋、养父母、育妻子,其务本淳朴之行,虽宠荣而非其所慕。而若奖赏要当有加,所以,州县官府要每年每乡选举一个勤劳

俭朴、身无过失的老农，给予八品顶戴，荣其身以资鼓励！

八品官衔，在当时相当于朝廷太医院御医、翰林院的五经博士、国子监学正、学录等官；在地方也仅次于知县。雍正为鼓励勤劳苦干的老农，不惜名爵，赏给优秀老农八品顶戴，这虽不是实官，不拿朝廷俸禄，只是个荣誉头衔，但却也是古无先例的做法。

其实，授予老农顶戴的做法是雍正重农的一个重要措施，当时，虽经数十年的"休养生息"，经战争破坏的农业有所复苏甚至有繁荣的迹象，但各地尚存在大量荒田有待开垦，地方官和胥吏们借机勒索垦荒农民，致使农民不肯开荒耕种。同时，沿海和江南一些地区，也有大批田地撂荒，原因主要是农民感到种地划不来，而去"逐末"。还有一个原因是农民大面积种植经济作物，致使本地粮食不够用，必须靠外进，而外地地方官又百般刁难，不肯将本地粮食外运。再加上此时期人口猛增，吃粮问题迫切需要解决。所以，雍正极力倡导重农抑商，鼓励农民勤劳耕种，授老农顶戴就是一项重要措施。

雍正在二年首行"籍田礼"后，每年都坚持在春耕伊始，在籍田亲自开犁，以示重视农事。同时，他还命令地方各级官员备置籍田，借此亲耕活动，使地方官也体会一下稼穑之艰难，从而使他们更切实关心民间疾苦，解决诸如蝗祸、水灾等农民的实际问题。并以每岁丰歉作为考核地方官政绩优劣的重要标准，政绩优异者升之、玩忽职守、欺上瞒下、苛索农民者降罢革斥，毫不宽待。

为提高粮食产量，雍正一面鼓励各地农民积极垦荒，规定：荒田开垦后，水田 6 年起征税，旱地 10 年后起科；一面鼓励各地兴修水利，预防水、旱、虫等自然灾害。有时，雍正还亲自谕令某地要如何治蝗等事，

重农之务实难能可贵。同时，为了解地方天气变化，雍正责成苏州、杭州、江宁三织造，每月将每日天气阴晴、雨水、风向等记录汇报一次；还通过钦差或新任地方官到各地的机会，命令他们将沿途米价、庄稼长势等情况留心访查，以便及时奏报。为备荒年无患，雍正大力提倡民间储备粮食，兴建规模不等的"社仓"。仓粮由百姓捐输，视捐多少予以奖励，多至三四百石者可赏八品顶戴。虽然此法难以通行，从中亦可见其心愿。

有人担心粮多了会造成价格下降，进而造成卖粮难等损伤农民种粮积极性的弊病。雍正不以为然，他表示：果真"小民"勤于耕作，收获丰盈，以致价贱而难于出卖，则官府出"官价"以平衡米价。这样，不但农民无后顾之忧，而且，他们手中也会有余赀了。

不过，雍正重农措施也有难行处，譬如社仓之建、严禁官府乱向农民摊派之类，在实践中就难彻底执行，只是比康熙时有些新的起色。他想用政治、社会地位和荣誉以鼓励农民种地多打粮，这确实鼓舞了大批农民勤劳耕作，但是，这种规定一到地方就走了样。后来，雍正得知一些地方在推举老农时由绅士把持，而绅士又往往接受一些"奸民"的贿赂。于是，荣得顶戴的往往不是真正辛勤劳动的老农，而是一些游手好闲而横行乡里的地痞无赖。这些人一旦得志，遂大逞威福，有的私摆公堂，以真正的"亲民之官"自居，动辄传百姓入见；有的甚至自夸为某县"左堂"，设捕役牢狱，威福过甚。所有这些情况，都大悖雍正原来旨意。所以，雍正特于七年下令，将那些名不符实的贿选"老农"革退，并严禁再有作弊现象。但可想而知，利之所趋，那些奸邪之徒是不会听一纸之令的。

尽管如此，雍正重农的政策还是取得了很大的成绩，为后来乾隆时期的盛世打下了坚实的基础。

大字不识一个也能当总督

大字不认识的人也能当总督，这样的事情也只有雍正皇帝能做得出来。不过我们也不能冤枉雍正，毕竟李卫这位不认字的总督干得有声有色，比大多数总督巡抚都更称职。由此看来，不认字的人自有不认字之外的长处，雍正的行事奇异也自有奇异背后的妙处。

雍正品评督抚优劣，往往以鄂尔泰、田文镜、李卫三人为标准。而李卫在当朝是个颇有争议的人，雍正虽然常常严词训诫他，但李卫一直被雍正宠信偏袒。那么，雍正到底看中他哪一点呢？

用常规的标准看李卫做官的条件，真可谓一无足取。李卫家虽是豪门，本人却没读过什么圣贤书，甚至可以说是个文盲，走不通科举入仕的路，他就出钱捐了个兵部员外郎。不是正途出身的官向来是不得重用而被人轻视；论为官之道，李卫更是不苟于时。据说，他做户部郎中时，有一个亲王兼管户部，是他的顶头上司。李卫曾劝谏该亲王不要滥收费，亲王不听，李卫就耍手段捉弄了他，结果搞得这位亲王尴尬不堪。论秉性，李卫向来都是尚气恃才、矜己傲物，这与当时谦让有礼、温文尔雅的平和大臣风度格格不入。看长相，李卫虽是一魁梧丈夫，但却是满面麻子，这在很讲究为官相貌的古代社会，的确

天资不利。

　　但雍正一登基，就派遣他去云南任驿盐道。想来，雍正是想试探李卫的才能而让他去盐法很乱的边陲云南，并不是有意贬他。李卫果然不负所望，到云南不久，盐务整顿一新。雍正二年，雍正提升他为云南布政使，仍兼管盐务。次年，擢李卫为浙江巡抚，不久又命他兼管两浙盐政。雍正五年，又将李卫提升为浙江总督并兼摄巡抚事。雍正七年，加兵部尚书衔，再加太子少傅衔。雍正十年将李卫调回朝廷，暂署理刑部尚书，随后授直隶总督，直至雍正去世。从李卫的经历中可以看出，在 8 年左右的时间里，他从一个四品道员，成为官居一品的封疆大吏。

　　有人猜测，李卫可能是雍正做皇子时的藩邸旧人，早就受知于雍正，所以，他很快飞黄腾达了。但这种说法缺乏有力的史料证据。也有人认为是雍正的用人原则与李卫的个人素质和才能相符，才是雍正重用李卫的真正原因。

　　雍正用人向来不讲究资历、出身，只要某官吏有才干、不贪污，对皇帝、国家忠心无二，雍正对其一些缺点是采取宽容态度的。如果某人确有才干，雍正会不畏人言予以重用。

　　首先李卫对皇帝的提拔之恩感戴不已，对雍正忠心不二。这一点，雍正一开始就心里有数。他曾向李卫的顶头上司云贵总督高其倬表示："此人（指李卫）但取其心地。"这句话是雍正二年时在高其倬的奏折上批示的。以后，雍正屡次表示，李卫"一片公忠"，"颇有为国报效之诚"，等等。可见，雍正对李卫的信任是奠定在"忠"基础上的。

　　其次李卫不贪贿，操守良好。其实，雍正对李卫能否当官很不放心。

他曾警告李卫不要阳清阴贪，同时，又暗中调查李卫的操守到底如何，得知他一直不改操守后，才放心。

第三，李卫有治理地方的才干。雍正刚即位时，地方政治腐败，吏治废弛、社会治安混乱，老百姓对此非常怨恨。针对这种情况，雍正才决意用李卫这样的敢为人先、勇于任事的人去做地方官。正是由于李卫敢于碰硬、不畏人言，甚至不把顶头上司放在眼里，毫无顾忌地将一些贪官劣员庸才几乎清洗一空，地方吏治得到整顿，这无疑符合雍正整顿吏治的心愿。例如：有一次，鄂尔泰的弟弟鄂尔奇犯法，身为直隶总督的李卫"毅然直陈"，密参鄂尔泰，得到雍正的嘉许。鄂尔泰的眷宠和地位远在李卫之上，鄂尔泰当时是户部尚书兼步军统领，鄂氏一家可谓当朝数一数二的显贵势家，李卫敢于如此碰硬，其胆识可见一斑。李卫对下属和百姓非常好，所以，他在地方上很有威信。同时，李卫任职过的云南、浙江、直隶，都是社会治安难于调理的地方，真正危害社会的盗贼一直屡禁不止。李卫善于缉盗，被雍正称为督抚中最能"查究匪类"的人，所以，他所到之处社会秩序都有相当的改观。这才是雍正之所以重用李卫的根本原因。

当然，雍正在称赞李卫"勇于任事"、"一片公忠"、"实心任劳"、"秉公持正"、"敢勇廉洁"的同时，也责怪他"狂纵不密"、"矢口肆骂"、"任性使气"、"精率无礼"、"矜己傲物"，并告诫李卫注意"涵养"。不过，雍正这些责怪词句，都是李卫的同僚们告密时说的。雍正将这些话及时写给李卫，同时，又对告密人曲加解释，并对刻意诋毁、别有用心的人加以打击，足见雍正对李卫的袒护。

印把子惹出的咄咄怪事

乾隆中期以前，官场虽然风气败坏，但因为历朝皇帝的严厉整饬，官吏毕竟还不敢公然朋比为奸。但乾隆后期尤其和珅专权以后，就真正是"礼崩乐坏"了。嘉庆即位后虽竭力整顿，无奈积重难返，不可挽救。其私造假印案，就是吏治败坏的最好证明。

嘉庆十一年（公元1806年）八月，直隶布政使庆格奏称，查出司书私雕假印，勾串舞弊一案。原来，因为直隶历年库中出入的银数混乱不清，庆格向司书查询，而司书狡黠支吾，所以庆格把历年的粮册档案拿来详加查核，发现历年征收的地丁钱粮（清朝从雍正以后，把人口税摊到地亩中征收，称地丁银）、耗羡（清朝各地方在向百姓征收钱粮时，要在正额之外加征一部分附加税，作为熔铸元宝、运送时的损耗费，称为耗羡，也称火耗）以及杂税银两，都有虚收的款项。将有产人员分别质讯，共查出定州等19州县虚收的地粮，火耗、杂税等银达28万两。嘉庆皇帝看完奏章，十分震惊，认为司书敢于私自雕刻布政使和库官印信，串通舞弊，实在是从来没有过的案子，简直出乎情理之外。于是立即派协办大学士费淳等人赶往保定，让他们严行究办。九月，费淳等奏报的审讯结果，比庆格所奏更为严重：从嘉庆元年起到十一年止，该省

共计 24 州县，一共侵盗银 31 万余两。嘉庆气愤之下，将书吏王丽南、州县官陈锡钰等 20 多人处死，家产查抄，相关的督、抚、布政使，也都分别治罪。

此事刚刚平息不久，嘉庆十四年，京中又发生一起私造假印舞弊的案件，比上述的地方案件更令人震惊。当时有工部书吏王书常，私刻假印，冒领库银。每当朝廷批准岁修工程时，王书常就捏造大员姓名，重复到内务府或户部等衙门支领银两，到工头发现此事并将王告发的时候，他已领款 14 次之多，数目达白银数十万两，真够骇人听闻了。按清朝规定，书吏支领银两时，必须由工部尚书签字后，通知户部，再由度支大员复加查核，然后才可以发银，手续不可谓不严。可是，部吏们朋比为奸，往往趁尚书、侍郎这些大员谈笑饮宴的时候，把文稿摞成一摞呈上去，大员们往往看也不看，随手就签上字甚至还有让幕友代签的。结果让这些胥吏有了可乘之机。此案发后，王书常等人伏法，户部和工部大员包括颇受嘉庆赏识的戴衢亨以及禄康、英和、常福等人，都受到降职或黜革处分。嘉庆总结此事教训，说大臣们如此因循怠玩，就是因为自从和珅被处治之后，大臣们都唯恐担上"专擅"的罪名，而纷纷以为人宽厚博大为美德，口中说是办事，实际上什么也不管，还美其名曰这是"安静"。朝中没有实心任事的人，便使那些胥吏们钻了空子，舞文玩法，无所不为，渐渐就发展为肆无忌惮，朋比为奸了。看来，嘉庆对造成这些积弊的原因十分清楚，可是，首倡宽仁安静而严惩"专擅"之人的，不正是他自己吗？这才真是"搬起石头砸了自己的脚"。

嘉庆一朝，出过几起历朝少见的险事怪事，兵部失印案算是又一起。

嘉庆二十五年（公元 1820 年）三月初八，嘉庆皇帝率领宗室王公、文武百官前往河北遵化的东陵（乾隆陵寝）。刚走到汤山行宫，就接到兵部奏报，说是贮于库内的行在印信遗失，印钥和钥匙牌也一并无存。嘉庆闻听又惊又气，以前历朝历代哪里听说过部堂大印丢失的事？立即命令军机处传谕步军统领衙门，令其告知京师五城多派捕役，严密访察。又谕令留京的王公大臣奉同刑部立即将兵部守库人员拘捕审讯。

嘉庆感到十分奇怪。因为兵部大印与其他一些印信都贮藏在同一个大箱，存于兵部的大库内。各印都是铜质，只有兵部行印和印钥是银制的，三月七日开箱取印，其他各印俱在，唯有银印和银牌失盗，窃贼为什么只将这两件东西窃去？再说，银钥匙、钥匙牌也不值钱，为何一并窃取？所以嘉庆一路上就不断督催该管大臣，一定要将此案审个水落石出。经连日审讯，得该管堂书鲍干的谎供，说是上年九月初三，皇帝行围之后回京的当天，就已经将这枚印信和其他印信一道贮箱入库了，直到今年三月初七那天又需用时，才发现大印遗失。嘉庆对这篇破绽百出的供词并不相信，又派人把上年随围的有关人员一并提来审讯。

四月三日嘉庆谒陵之后还京，发现审讯仍无结果，非常恼火，斥责有关官员，将庄亲王绵课、大学士曹振镛、吏部尚书英和以及刑部堂官，一并罚俸半年，各衙门派来审理此案的官员，均罚俸一年，令绵课等人从此早去晚散，不可懈怠，若再拖拖拉拉，还要重罚。绵课无奈，递折上奏，请求议处，其实他是想把这个烫手的山芋推给他人，自己脱身。

嘉庆不准，把绵课的花翎先行拔去，还让他加紧审讯，并以五月五日为限，到时再审不出来，定将他从严治罪。在如此严厉的督促之下，绵课等人日夜逼供，鲍干方才承认，其实去年收印时并没打开查看，恐怕是去年行围的路上就遗失了。

审讯结果报到嘉庆处，嘉庆反复思忖，仍觉可疑：行印有正、备印匣两份，只有正印匣有钥匙和钥匙牌，备印匣则无。如果行围路上大印丢失，那么钥匙、钥匙牌包括印匣必须是一并失去了，去年九月初三怎么交的印？既然交了，必定是交的备用印匣，那么既无钥匙，又无钥匙牌，负责收贮印信的鲍干怎么肯接收？于是下令再审。直到四月二十四日，嘉庆才得知，去年八月二十八日，当他从承德秋围之后回京，路过巴克什营时，看守印信的书吏睡熟，印信连同印匣被窃贼乘机窃走了。这位书吏害怕，便买通鲍干，把备用匣冒混入库，鲍干又买通值班的书役，设置了行印在库被窃的假现场。这场并不复杂的案子在审了一个半月之后，终于真相大白。

为了寻找偷印的窃贼，嘉庆又多次命军机处督促直隶总督等大员，在古北口、巴克什营、密云一线穿梭往来，明察暗访，却一无所获。嘉庆也知此印估计是找不回来了，只得命人重铸一个。至于原来的行印究竟被何人偷去，偷去何用，便再也无从得知了。

由于此案，管理部旗事务的年已 86 岁的大学士明亮，受到披职降 5 级的处分，兵部尚书和左、右侍郎，也都被摘去顶戴，或降或调。

然而，这个案子仍存在诸多疑点：对这个不算难查的案子，绵课和几个大臣怎么会严刑审讯一个多月还审不出来，以致闹到情愿引咎辞职的地步？鲍干收取印信贮库时难道没有其他官员在场监督？所以，

当时人对此就有诸多揣测。宗室昭梿在《啸亭杂录》一书中曾记，他亲耳听主事何炳彝说，当时收取印信时，正轮到何炳彝值班，是何炳彝与另一满员亲手把印匣接过来的，印信确实还在。昭梿还记得有人说，这颗印信，是某人贿赂鲍干从库中窃走的，目的是相约举事，结果事尚未发，丢印之事就出来了。因为不知道这事牵连到哪个，大臣们怕嘉庆因此而兴大狱，于是把事压下，编造了印信在行账中丢失的谎言来哄骗嘉庆，消弭事端。而嘉庆对审讯的结果是不是真信，则只有天知道了。